취업,
이겨놓고
싸워라

커리어 닥터가 꼼꼼히 짚어주는, 알면서도 지나치는 취업 빈틈
취업, 이겨놓고 싸워라

지은이 | 제이슨 최
펴낸곳 | 북포스
펴낸이 | 방현철

편집자 | 공순례
디자인 | 엔드디자인

1판 1쇄 찍은날 | 2015년 07월 23일
1판 1쇄 펴낸날 | 2015년 07월 30일

출판등록 | 2004년 02월 03일 제313-00026호
주소 | 서울시 영등포구 양평동5가 18 우림라이온스밸리 B동 512호
전화 | (02)337-9888
팩스 | (02)337-6665
전자우편 | bhcbang@hanmail.net

이 도서의 국립중앙도서관 출판시도서목록(CIP)은 e-CIP 홈페이지(http://www.nl.go.kr/ecip)와
국가자료공동목록시스템(http://www.nl.go.kr/kolisnet)에서 이용하실 수 있습니다.
(CIP제어번호: 2015018599)

ISBN 978-89-91120-90-7 03190
값 14,000원

커리어 닥터가
꼼꼼히 짚어주는,
알면서도 지나치는
취업 빈틈

취업,
이겨놓고
싸워라

제이슨 최_지음

북포스

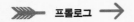

똑같이 준비하는데,
취업에 성공하는 사람은 왜 따로 있을까?

취업 준비생 100만 명 시대가 시작됐다. 청춘들은 제대로 된 취업 준비 방법을 알지 못해 어려움에 허덕이고 있다. 바늘구멍 같은 취업문을 기껏 통과해놓고도 얼마 안 가 퇴사하는 이들조차 네 명 중 한 명꼴에 이른다. 자신이 원하는 일이 아님을 깨닫게 되어서다. 이들은 재취업에 도전하기 위해 기나긴 취업 준비생의 대열에 다시 합류한다.

이를 도와줄 만한 전문가들로 취업 컨설턴트가 있지만, 이들 역시 대개 본인의 성공 경험을 바탕으로 하기보다는 타인의 성공 사례를 분석하여 조언하는 수준이다. 인사과에 재직했다거나 하는 등의 유사 경험이라도 갖추고 있다면 그나마 다행이지만, 취업에 대해 아무런 지식도 없이 조언하는 이들도 상당수다.

나는 내가 원했던 회사에 취업했다. 학벌과 전공의 벽도 뛰어넘었다. 유수의 외국 대학교 출신들조차 들어가기 어렵다는 글로벌 컨설팅회사의 공채에 당당히 합격하는 일대 이변을 일으킨 것이다. 그러다 보니 여기저기서 내 스토리를 들려달라고 요청했다. 잠잘 틈도 없이 바쁜 회사생활에 치이기도 하지만, 취업에 성공하는 방법을 모르고 고생하는 이들이 너무도 안타까워 그런 요청을 차마 거절하지 못했다.

그래서 지난 몇 년간 회사 업무와 컨설팅을 동시에 해왔다. 회사에 다니는 한편으로, 취업에 어려움을 겪는 학생들을 위해 틈틈이 강연이나 상담을 통해 도움의 메시지를 전하고 다녔다. 그러나 모두에게 전하기엔 한계가 있었기에 내 경험과 솔루션을 담은 책을 집필하게 되었다.

간혹 학생들은 내게 "운이 좋았던 게 아닌가요?"라고 묻곤 한다. 그때마다 나는 운이나 우연이 '절대' 아니라고 답해준다. 오랜 시간 고통이란 몸부림을 제물로 바쳐 발견한 나만의 비결 덕이라고 말이다. 효율적인 시스템을 만들어 치밀한 도전을 한 나만의 솔루션이 있었기에 성공을 거머쥘 수 있었다. 이 책에서는 취업에 성공할 수 있다는 점을 그저 선언적으로 제시하지 않는다. 현실을 정확히 진단하고 해결방안을 제공함으로써 막연한 꿈을 현실로 만드는 테크닉을 담았다. 그렇다고 엄청나게 어렵거나 고도의 능력이 요구되는 사항들은 아니다. 누구나 적용할 수 있는, 이겨놓고 싸우는 취업 비법이다. 그리고 사실 취업이라는 전쟁에서 가장 필요한 것은, 온갖 현란한 스펙이나 특출 난 능력이 아니라 바로 이와 같은 기본적인 사항들이다.

취업을 준비할 때는 두 가지 정보로 양 날개를 삼아야 한다. 당연한 일이지만, 하나는 '나'에 대한 것이고 다른 하나는 '상대', 즉 회사에 대한 것이다. 가장 먼저 해야 하는 일은 자신의 적성과 원하는 바를 파악하는 것이다. 그리고 한편으로, 상대를 파악하기 위해 어떤 업계가 있고 그 안에는 어떤 직무들이 있는지를 조사하는 것이다. 그런 다음 둘을 결합하여 '나에게 맞는 회사에 입사할 확률'을 높여나가면 된다. 각각의 단계를 쉽게 제시했으니 믿고 따라와주기를 바란다. 더불어 이 방법을 사용하면 원치 않는 회사에 취업했다가, 마음에 들지 않아 취업 재수에 도전하는 상황까지 예방할 수 있다. 미래를 버는 셈이다.

취업에 대해 무엇을 어떻게 해야 할지 도무지 알 수 없을 때, 취업을 준비하며 매번의 상황에서 어려움을 겪을 때, 몇 번이나 취업에 실패해서 누군가의 조언이 필요하다는 생각이 들 때 언제든 이 방법을 적용해볼 것을 권한다. 그러면 취업이 순조롭게 진행될 것이고, 당신의 기대를 뛰어넘는 좋은 결과를 얻게 될 것이다.

한 가지 주의할 점은, 스스로에 대해 솔직해야 하고 취업을 장난으로 생각하지 말아야 한다는 것이다. 그래야만 각각의 문제가 자리하고 있는 지점을 정확히 짚어내고, 그 문제가 돌이킬 수 없을 만큼 커지기 전에 고칠 수 있다. 이 작업은 생각보다 훨씬 흥미롭다. 인생을 다시 쓰는 기분일 테니 말이다. 당신의 능력이 면접관을 홀릴 정도로 발전해나가고, 마침내 원하는 회사에 합격이란 마침표를 찍는 것보다 짜릿한 일이 또 있겠는가.

| 취업, 이겨놓고 싸워라 |

이 책이 당신의 기나긴 취업 정체기에 끝을 알리는 신호탄임을 믿기 바란다. 쉼없는 노력과 제대로 된 시스템이 만나면 좋은 소식이라는 빅뱅은 반드시 일어난다. 노력만 있어도 안 된다. 전략만 있어도 안 된다. 노력과 전략이 함께 존재하고, 서로를 받쳐주며 상승 작용을 일으켜야 한다. 일관적인 것과 효율적인 것을 결합하는 것. 이것이 이겨놓고 싸우는 취업의 철학이다.

당신을 이겨놓고 싸우는 취업의 세계로 초대한다. 어서 들어오시라!

커리어 닥터
제이슨 최

차례

프롤로그: 똑같이 준비하는데, 취업에 성공하는 사람은
왜 따로 있을까? · 04

1장 내 이름은 취준생

대한민국에서 취준생으로 산다는 것 · 14

5포 세대를 아시나요 · 20

아 몰라, 용돈이나 보내! · 26

취업, 하고 싶은 것 맞죠? · 32

무조건 많이 지원하는 거야 · 38

어디서부터 잘못된 걸까? · 44

취업에는 추월차선이 있다 · 50

2장 무엇을 하며 살고 싶은가

방향이 취업 속도를 결정한다 · 58

네 안에 잠든 욕망을 깨워라 · 64

세 가지 환경만 바뀌면 비로소 보인다 · 70

드림키워드로 영감을 얻어라 · 76

간절히 이루고 싶은 꿈부터 찾아라 · 82

경험 계획표로 열정을 검증하라 · 88

취업 여행으로 감을 잡아라 · 94

3장 취업의 성패를 가르는 한 끗 차이

질과 양을 동시에 갖춰 승부하라 · 102

업계부터 선택하라 · 108

방학 2개월만 독해져라 · 114

방향이 맞는지 체크하라 · 122

시간을 갉아먹는 흰개미를 제거하라 · 128

자소서에 들어갈 성공 사례를 찾아라 · 134

'왜?'라고 물었을 때, 즉각 대답할 수 있는가? · 140

영문 이력서는 선택이 아닌 필수다 · 146

취업 밥상에서는 편식하지 마라 · 155

4장 취업 성공 시스템의 8가지 원칙

취업 정보로 갑의 위치를 선점하라 · 164

시간이라는 무기를 날카롭게 사용하라 · 172

정보관리에서 직관력을 높여라 · 181

서류는 맹수처럼 먹어치워라 · 188

외국계 기업은 카멜레온처럼 사냥하라 · 195

활용한 정보는 철저히 관리하라 · 202

면접 전까지 이것만은 반드시 하라 · 209

끝까지 목표를 잊지 마라 · 216

5장 이겨놓고 싸워라

취업, 확률로 승부하라 · 226

첫 취업은 당신의 인생을 결정한다 · 232

취업의 흐름을 좇아라 · 238

취업의 거듭제곱 법칙을 실현하라 · 243

계획은 무모해도 결과는 내 편이다 · 249

열쇠는 당신 안에 있다 · 255

미래를 버는 사람이 되라 · 261

성공적인 취업 인생의 첫 번째 날 · 267

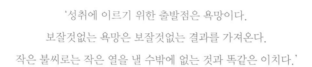

'성취에 이르기 위한 출발점은 욕망이다.
보잘것없는 욕망은 보잘것없는 결과를 가져온다.
작은 불씨로는 작은 열을 낼 수밖에 없는 것과 똑같은 이치다.'

· 나폴레온 힐 ·

1장

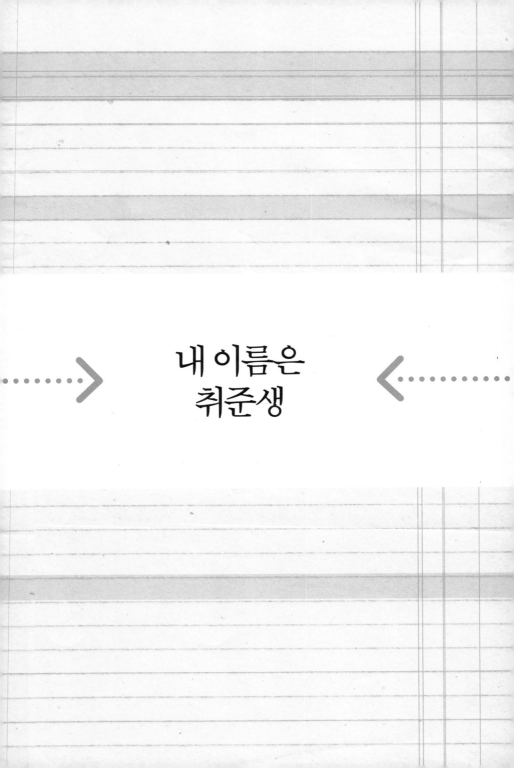

내 이름은
취준생

대한민국에서
취준생으로
산다는 것

통계청에 따르면, 취업 준비생이 기어코 100만 명을 넘어섰다고 한다. 매년 대학 졸업자가 쏟아지는데 그중 대다수가 졸업과 동시에 백수가 된다는 것이다. 취업난에 일자리를 찾지 못하는 청년의 증가 탓에 이제 한국 경제의 성장 동력이 약화될 거라는 우려의 목소리도 덩달아 커지고 있다.

정부도 취업난을 해결할 여러 정책을 펴고 있고 심지어 국회의 원조차 선거유세를 하면서 취업 토크 콘서트를 열 정도다. 국내 취업을 포기하고, 홀 서빙 등의 단순 노동직을 하러 외국으로 떠나는 이들도 있다. 하지만 준비 없이 떠난 탓에 문화적 차이에 적응하지 못해 고생하기도 한다. 부모들도 고민이다. 거듭된 취업 실패로 어

| 취업, 이겨놓고 싸워라 |

깨가 축 처진 자식을 보면, "내 호주머니에서 월급이 나가도 좋으니 번듯한 회사에서 취업만 시켜주면 좋겠다"고 푸념하기도 한다.

참 여러모로 주변의 걱정이 가득하다. 하지만 그 무게를 짊어진 이들은 그들이 아닌, 취업 준비생들이다. 직접 겪지 못하는 이들은 이 서글프고 치열하기 그지없는 상황을 제대로 이해할 수 없다. 나 또한 취업을 준비할 때, 주변 사람의 걱정 아닌 걱정을 듣느라 스트레스가 이만저만이 아니었다.

또다시 명절이 찾아왔다. 오랜만에 친척집을 방문했다. 학업 때문에 바빠서 매번 빠졌는데, 이번에는 부모님 등쌀에 밀려 할 수 없이 같이 갔다. '에라, 용돈이나 좀 받아오자' 하는 마음도 있었다. 그렇게 오랜만에 뵌 친척 어른들께 인사를 드리며 다 같이 밥을 먹던 도중이었다. 큰이모가 뜬금없이 내게 물었다.

"네가 올해 몇 살이지?"

20대 후반을 치닫는다는 나의 대답에 큰이모가 계속 말을 이었다.

"세월 참 빠르구나. 어서 취업하고 결혼하면 되겠네! 이번에 얘도 취업했거든."

큰이모의 아들인 사촌 형이 취업에 성공했다고 한다. 뭐, 원래부터 인재라고 촉망받던 형이었으니까. 형은 서울 주요 대학교를 졸업했고 토익도 900점이 넘는다. 영어도 잘하고 틈틈이 봉사활동도 했다. 공모전 수상 경력까지 갖추고 있었다. 큰이모는 이제 우리 조카도 취업할 때라며 '우리 아들은 이랬단다, 저랬단다' 하는 말을 섞어가며 조언 아닌 조언을 했다.

'휴, 이래서 명절에 친척 모임 피했던 건데…!'

조언을 가장한 잔소리가 시작됐다. '취업, 취업, 취업' 그 소리 좀 그만했으면 싶었다. 그 잔소리는 결국 사촌 형의 마지막 말로 끝을 맺었다.

"나도 됐으니까, 너도 곧 될 거야."

"네…"라고 대답은 했지만 계속 그의 말이 떠오르며 약이 올랐다.

'취업? 그까짓거 누구나 하는 거 아닌가?
뭐가 그렇게 대수라고 저러는 거야.'

그래도 머릿속을 떠나지 않는 잔소리에 괜스레 서글퍼졌다. 저 소리를 또다시 안 들으려면 어서 취업해야겠다고 생각했다.

나와는 관계가 없을 것만 같았던 이름, 취업 준비생. 그런데 어느샌가 나도 그 대열 안에 있었다. 어느 순간부터 이 수식어가 항상 따라다녔다. 아직 학생이고 날마다 학교 잘 다니고 있는데 준비생이라니. 주변 친척의 조언 같은 잔소리를 듣는 일도 갈수록 많아졌다. 제발이지 명절이 없었으면 좋겠다고 생각도 했다.

대한민국에서 취업 준비생으로 산다는 것은 서글프다. 특히 명절 같은 날만 되면 누군가의 비교 대상이 되어버리거나 의도치 않게 어서 취업하라는 추궁을 받기도 한다. 물론, 걱정이 되어서 그

16 | 취업, 이겨놓고 싸워라 |

러는 건 알겠지만, 듣는 이는 상당히 서글프다.

　그렇게 나도 '취업 준비생'이란 신분으로 세상을 바라보기 시작했다. 그런데 이전까지 봤던 세계와는 달리 대한민국 취업 세계는 만만치가 않았다. 이제 취업을 해야겠다고 생각하니 기이한 현상이 보이기 시작했다. 가장 먼저 보인 것은 어떤 학생의 이상한 행동이었다. 수업이 끝나고 질문이 있어 교수님을 찾아갔는데, 한 학생이 교수님한테 F학점을 달라고 애걸복걸하는 것이었다. A학점을 받았다고 하는데 말이다. 이뿐만이 아니었다.

　내 주변 어떤 선배는 졸업논문을 안 내려고 했다. 왜냐고 물어보니 졸업을 안 하려고 그런다고 했다. 졸업을 앞두고 인턴만 지원하고 있는 선배도 있었다. 분명 공채를 들어가야 하는 시기인데. 취업이 어려워서 졸업 연기 계획을 가지고 인턴부터 할 거라고 했다.

　치열하게 사는 이들도 보였다. 어떤 이들은 공모전을 준비한다며 6개월 동안 도서관에서 나오지 않았다. 수업까지 종종 빠지며 교수님한테 양해를 구하기도 했다. 아침부터 저녁까지 전단을 돌리며 설문조사를 하는 선배도 있었다. 대학생 마케터라는 걸 한다고 했다. 혼자 하는 게 안쓰러워 보여 도운 적도 있다. 심지어 동아리 어떤 선배는 종종 피를 뽑으러 다니기도 했다. 예전에 빈혈이 있었던 나는 도무지 이해가 안 가서 물어봤다. 피를 뽑으면 봉사활동 시간을 준다는 것이다. 빨리 졸업하라는 부모님의 눈치에 용돈 달라는 말을 못 해 주말에 아르바이트를 하는 선배도 봤다. 이들과 주로 마주치는 곳은 화장실이거나 도서관 구석 자리 노트북 겸용 좌석이었다.

그들이 내게 말하는 취업 현실은 장난이 아니었다. 경시대회나 공모전 입상은 기본이고, 심지어 어떤 이는 해외탐방 기회를 잡으려고 4대 일간지에 기고도 한다고 했다. 그렇게까지 치열하게 살아야 하나 싶을 정도였다.

특히 한 평 남짓한 고시원에서 살고 있던 한 선배의 하루는 정말 치열했다. 새벽 6시에 일어나 영어학원에 간다. 이후 10시부터는 취업스터디 모임에 참여하고, 오후 2시부터는 자격증 인터넷 강의를 듣는다. 수업이 끝나면 영어책과 각종 자격 관련 서적을 쌓아놓고 도서관에서 밤을 지새운다. 그는 쳇바퀴 돌듯 반복되는 일상에 지친 듯, 항상 웃음기 없는 표정이었다.

당시는 정말 깜짝 놀랄 만한 일이 많았다. 취업이 이렇게 처절하고 만만치 않은 존재였다니, 아무것도 모르던 지난 시절이 그리웠다. 당신도 취업에 첫발을 내미는 시기라면 아마 기이하고도 치열한 광경을 숱하게 봤을 것이다. 대한민국에서 살아가는 게 맞는 것일까도 잠시 고민되었지만, 마땅히 살 수 있는 나라도 없다. 게다가 우리나라에서 벗어나면 내가 아는 친구들이나 부모님 등 모든 이들로부터 떨어져 지내야 하기에 더 고민하는 건 무의미하게만 느껴졌다.

이런 서러운 환경에서 취업 준비생으로 산다는 건 참으로 눈물나게 힘겨운 일이다. 하지만 분명한 건 그래도 살아야 한다는 것이

| 취업, 이겨놓고 싸워라 |

고 지금 이곳이 내가 살아가야 할 터전이라는 것이다. 그렇기에 타개하는 방법은 어서 취업에 성공하는 길밖에 없다는 생각을 했다.

대한민국 취업 준비생에게는 명절이란 참 서글픈 날이다. 누군가와 비교를 당하거나 의도치 않은 추궁을 받기도 하는 날이기 때문이다. 고의성은 없겠지만 듣는 사람은 서글프다.

게다가 취업의 세계는 만만치 않다. 졸업을 연기하려는 기이한 광경, 온종일 공부에만 매진해야 하는 환경. 이렇게 빡빡한 대한민국에서 살아야만 하나 고민이 되기도 한다.

그래도 살 수밖에 없는 소중한 터전이다. 취업에 성공해서 이 상황을 타개하는 것 외에 달리 방법이 없다. 물론 서럽고 치열한 시간의 연속일지도 모른다. 하지만 포기하지만 않으면 반드시 벗어날 수 있다.

이제, 마음을 가다듬고 이 상황에서 벗어나겠다는 각오를 마음속에서부터 다지자. 그러면 그 종착지는 반드시 보인다. 취업 준비, 지금부터 시작이다.

5포 세대를
아시나요

"5포 세대? 그게 뭔데…?"

"연애, 결혼, 출산, 내 집 마련 그리고 인간관계래요. 전 뭘 포기해야 할까요? 어서 빨리 취업했으면 좋겠네요."

취업을 준비하고 있는 후배가 내게 한 말이다. 극심한 취업난 때문에 이들이 포기하는 것도 하나둘 늘어가고 있다. 연애·결혼·출산을 포기하는 3포 세대가 지난날이었다면, 이제는 내 집 마련과 인간관계까지 포기하는 5포 세대라고 한다.

그는 이런 얘기도 해주었다. 취업 포털 '사람인'에서 신입 구직자 1,077명을 대상으로 '취업 준비를 하면서 포기한 것이 있는가'도 조사했다는 것이다. 전체 응답자 중 무려 57.9퍼센트가 포기한 것

20

이 '있다'는 답변이었다. 특히 그중 38.4퍼센트가 '인간관계'를 포기했다고 답했는데, 이는 열 명 중 네 명꼴이나 된다.

'나도 한때 저런 생각을 한 적이 있는데….'

나도 취업을 준비하던 시절, 그런 상황을 똑같이 겪었다. 가리키는 용어만 없었을 뿐, 어쩌면 나 때부터 5포 세대는 시작되었을지도 모른다. 무엇을 포기해야 하나 하며 포기 목록을 늘어놓고 고민까지 했다. 과거의 그 시절이 떠올랐다.

어머니 친구 중에는 나보다 나이 많은 아들딸을 두신 분들이 많았다. 그러다 보니 내가 취업 문제와 멀리 있던 때부터 친구 자녀들의 취업 소식에 축하의 말을 전하기 바쁘셨다. 나는 '기쁨은 나누는 게 좋은 거니까' 하며 별생각 없이 어머니의 전화 통화를 듣곤 했다.

하루는 학교 수업에 피곤했던 탓에, 눈 좀 붙이려고 일찍 집에 왔다. 집에서는 어떤 낯선 아주머니가 어머니랑 차를 마시고 계셨다. 어머니 친구분이셨다. 뭐가 좋은지 그분은 싱글벙글하며 나에게 인사를 했다. 나도 공손히 인사를 하고 집에 오면 늘 그러듯이 습관처럼 냉장고를 뒤지기 시작했다. 내 귀에 두 분의 대화가 우연히 들렸다.

"글쎄 말이야, 우리 아들이 하늘의 별 따기보다 어렵다는 그 대기업에 합격하다니…. 남편 은퇴하기 전에 취업해서 다행이야. 너무 대견스러운 거 있지!"

'또 누군가가 취업했구나!' 하며 별생각 없이 먹을 것을 찾아 내 방으로 향했다. 친구분의 목소리가 계속 들렸다.

"자기 아들은 준비 잘 돼가지?"

"그렇지, 뭐…."

순간 어머니의 표정을 살핀 나는, 후다닥 방으로 들어가 버렸다. 웃으면서 대답하고 있긴 하지만, 분명 풀이 죽은 표정이었다. 분명 다른 때도 그랬을 것이다. 매번 풀 죽은 표정을 하고 있었으리라는 생각이 드니 마음이 복잡했다. 자식 자랑 늘어놓는 저 아주머니가 괜스레 얄밉게 느꼈다.

빨리 취업해야겠다는 생각이 급습했다. 저런 표정을 더는 짓게 하고 싶지 않았다. 자식 뒷바라지하느라 노후 대책도 제대로 못 하는 부모님께 미안하기도 했다. 어서 취업해서 상황을 역전시키고 싶었다.

그러나 신의 장난인가, 나 때부터 취업률이란 놈이 서서히 고꾸라지기 시작했다. 때 되면 누구나 하는 것이 취업인 줄로만 알았는데, 취업에서도 재수생이라는 말이 생겨났다. 아버지의 은퇴도 얼마 남지 않았다. 어서 취업해서 용돈도 드리고 그래야 하는데. 괜히 눈치도 살피게 됐다. '신이여, 어서 빨리 취업할 수 있게 해주세요' 하며 수없이 중얼거리기도 했다. 설령 악마가 나타나 "취업시켜줄 테니 네 영혼을 내놓으라" 한대도 기꺼이 응할 것만 같았다. 그렇게 내 마음은 '빨리'라는 단어로 가득 차 있었다.

이때는 정말, 빨리 취업하고 싶었다. 방법도 모르면서 마음만 앞

22

선 시기였다. 무엇보다 어머니의 그 표정을 더는 보고 싶지 않았고, 아버지의 얼마 안 남은 정년퇴임도 한몫했다. 정말 악마가 나타나 조건을 제시하면 그게 무엇이든 취업과 바꾸고 싶다는 마음이 들었다. 바보 같은 생각이었지만 그때는 정말 그랬다. 이런 심정은 여기서 끝이 아니었다.

당시 복학한 지 얼마 되지 않았던 나는, 아는 이들이 별로 없었다. 누군가 알아야 밥도 같이 먹을 수 있겠다 싶어 예전에 활동했던 동아리를 기웃거렸다. 마침 그날은 모임이 있는 날이라고 해서, 오랜만에 참석해보기로 했다. 아는 이는 없었지만 용기 내서 모임에 찾아가는 길이었다. 그런데 어디서 많이 본 듯한 여학생과 우연히 마주쳤다. 휴학 전에 그 동아리에서 친하게 지낸 후배였다. 반가운 마음에 냉큼 알은체를 했다.

"오랜만이야."

"와, 이게 얼마만이에요! 오빠도 혹시, 오늘 오비 와이비 모임 가는 거예요?"

"아, 오늘 그런 모임이었어? 이번에 복학해서 아는 사람도 없었는데 다행이다!"

"어? 오빠, 아직도 학교 다녀요?"

휴학 전, 막 입학해 꾸벅꾸벅 인사하고 다니던 그녀였는데 벌써 취업을 했다. 한참 어리게만 봤던 동생에게 '아직도 학교에 다니냐'는 말을 들으니, 쥐구멍이라도 있다면 들어가고 싶었다. 그녀의 연이은 한마디는 내게 더 뼈아픈 것이었다.

"오빠, 지금이 좋을 때예요! 너무 스트레스받지 말고 즐기면서 해요!"

'졸업생들이 모이는 자리면 분명 취업에 성공한 이들만 와서, 서로 자기 이야기하기 바쁘겠구나' 하는 생각이 퍼뜩 들었다. 그 광경을 상상하니 숨이 턱 막히는 듯했다. 그들의 취업 성공기는, 취업을 준비 중인 내게 영락없는 지옥의 오페라일 것이다.

"앗, 깜빡 잊고 있었네. 급히 가봐야 할 것 같다. 재밌게 놀고!"

그녀에게 이렇게 말하고는, 반대 방향으로 급히 발걸음을 옮겼다. 밥이야 혼자 먹은들 어떠리. 사실 혼자 먹는 게 여유는 더 있지 않은가. 그러나 못내 발걸음을 돌린 탓인지 어깨에 진동이 느껴질 정도로 떨리기 시작했다. 학교를 다 벗어날 때까지 떨림은 멈출 줄을 몰랐다.

'모든 인간관계를 포기하고 취업만 바라볼까?'

문득 든 이런 생각에 순간적으로 몸서리가 쳐졌다. 취업이 뭐라고 이런 생각까지 들게 하는지, 괜스레 서글펐다. '사람 사는 사회에서 인간관계를 포기하는 게 옳은 것일까?' 고민도 됐다. 하지만 그래 봤자 뭐하랴. 얻을 것 없는 고민에 빠져서 시간만 허비할 게 아니라 어떻게 하면 빨리 취업할지 고민하는 편이 낫다 생각했다.

부끄러운 마음에 쥐구멍이라도 있으면 숨고 싶었던 그 기억은 아

24

직도 생생하다. 어떻게든 취업하고 싶다는 생각으로 가득했다. 하지만 인간관계를 포기하자는 얼토당토않은 생각만을 했을 뿐, 어떻게 하면 빨리 취업할 수 있을까에 대한 고민은 하지 않았다. 어서 당당해지고 싶다는 막연한 바람만 있었을 뿐이다.

빨리 취업하고 싶고, 그러기 위해 무언가를 포기하고 싶다는 심정은 이해한다. 하지만 그런 고민이 가득하면 취업의 본질을 바라보지 못한다. 그저 취업을 하고 싶다는 생각만으로는 답에 가까이 가기 어렵고, 뭘 포기하겠다는 생각으로는 불안감만 늘어난다. 그럴 바에야 어떻게 하면 취업을 빨리 할 수 있을까를 더 고민하는 편이 낫지 않겠는가?

걱정해봤자 도움도 안 되는 짜증, 불안감, 부정적 생각들은 당신의 취업 의지만 더 깎아내린다. 이제 그런 생각은 과감히 떨쳐버리고 취업에 성공하는 본질적 방법에 집중할 때다.

아 몰라, 용돈이나 보내!

"취업이 너무 어렵습니다. 저는 왜 취업이 안 될까요. 도대체 기업들은 왜 그렇게 조금만 뽑을까요. 우리나라 참 살기 힘들어요."

대학 특강을 마치고 가던 나를 조용히 따라온 한 학생의 말이었다. 그의 말투 하나하나에서 취업에 지쳐 있다는 게 전해졌다. 목소리까지 세상에 대한 불평으로 가득했다. 한탄을 다 듣고 나서 내가 물었다.

"오늘 하루 뭐 했어요?"

그는 뜬금없다는 듯이 대답했다.

"대표님 특강 들은 것 말고는 딱히….."

"그럼 이번 주에는 뭐 했어요?"

"스트레스를 너무 받아서 쉬었습니다. 요즘 스트레스 때문에 아무것도 손에 잡히지 않더라고요. 너무 불안해서….”

질문을 계속 해보니 그는 몇 주 내내 아무것도 안 했음이 드러났다. '스트레스를 받아서'라는 핑계로 말이다. 다른 일정 탓에 급히 떠나야 했지만, 나도 저런 시기가 있었기에 발길을 뗄 수가 없었다. 그 시기에는 정말이지 마음이 엄청나게 불안하다. 잠시 멈춰선 나는 그에게 내가 겪었던 일들을 들려주었다.

대학 때부터 이것저것 아르바이트를 하며 취업을 잘 하리라는 막연한 자신감은 있었지만, 막상 취업 시기에 이르니 거기서 오는 스트레스가 만만치 않았다. 노력해야 하는 게 당연지사인데, 생각과 달리 몸이 빠릿빠릿하게 움직여주지 않았다.

예전에는 취업에 성공한 선배들이 술 먹자고 전화를 하면 맛있는 거 얻어먹으면서 유용한 정보도 들을 수 있다는 생각에 냉큼 나갔다. 하지만 그것도 귀찮아지기 시작해 연락이 와도 잘 나가지 않게 됐다. 용돈을 주실 때마다 '밥은 잘 먹고 다니냐'고 한결같이 걱정하시는 어머니께 미안했고, 그 때문에라도 열심히 해야 하는데 왜 이렇게 무기력한 건지…. 그냥 만사가 귀찮았다.

터무니없는 생각을 한 적도 있었다. 그날 밤은 답답한 마음에서인지 영 잠이 오지 않았다. 새벽까지 눈이 말똥말똥했다. 거실에 나와 볼륨을 줄인 채 TV를 틀었다. 마침 내가 즐겨 보는 SBS 〈TV 동물농장〉이 재방송 중이었다. 그날따라 개들이 유난히 많이 출연

했다. 그중 한 마리가 마당에서 누워 있는 걸 봤는데 내 머릿속에서 무심코 이런 생각이 들었다.

'부럽다, 저 개. 나도 저렇게 만사 제쳐놓고 마음 편히 누워 있을 수 있다면 얼마나 좋을까?'

그 비슷한 생각을 장난삼아 한 적이 있기도 했지만, 새벽 정적이 흐르는 그 시간에 간절한 심정으로 부러워하고 있는 나를 발견한 건 처음이었다. 갑자기 눈물이 왈칵 쏟아졌다. 한심한 내 모습에 화가 났나 보다. 스스로가 그저 처량하기만 한 것이 우울증이 아닌가도 싶었다. 취업 스트레스 같은 건 남의 일인 줄로만 알았는데.

계속되는 스트레스가 나를 무기력의 구렁텅이로 점점 더 깊이 빠트렸다. 대책이 필요했다. '스트레스를 계속 받으면 안 되니까, 며칠 좀 쉬어야겠다'고 생각했다. 그렇게 나를 위로하는 이유를 만들며 취업과는 점점 거리가 멀어지고 있었다.

취업이 어렵다는 말은 들었지만, 준비하기로 마음먹은 시점부터 스트레스라니. 곧 있으면 취업 시장에 본격적으로 뛰어들어야 하는데 노력조차 하지 않는 내가 밉고, 어려운 이 현실도 미웠다. 취업 스트레스는 취업 준비생 대부분이 겪는다. 비단 나만의 이야기가 아니다. 사회 진입에 대한 부담감에서 오는 이 스트레스는 사람을 무기력하게 한다.

나는 며칠 동안 좀 쉬어보기로 했다. 뭔가 해보려고 해도, 무기력이란 녀석이 내 발목을 놓지 않고 있었기에. 물론 그런 상황에서

| 취업, 이겨놓고 싸워라 |

는 잠시 쉬는 것도 한 방법이다. 그런데 쉬기 시작한 지 얼마 지나지 않아 일어난 하나의 사건이 내 무기력을 말끔히 걷어내 주었다.

며칠간 쉬자고 생각했기에, 그날은 PC방에서 친구들과 게임을 하며 시간을 보내던 중이었다. 오랜만에 하는 게임은 정말이지 꿀맛이었다. 시간은 정신없이 흘러갔다. 그런데 갑자기 옆자리에서 큰 소리가 들렸다. 무슨 일인가 싶어 그 소리에 귀를 기울였다.

"아, 몰라, 끊어! 어서 용돈이나 보내!"

학생처럼 보이는 남자가 누군가와 통화를 하며 호통을 치고 있었다. 좀더 들어보니 '엄마'라는 소리가 들렸다. 아마도 엄마와 통화를 하는 듯했다. 그는 전화를 툭 끊고, 옆자리 누군가와 '취업 현실이 힘들다'는 등 이야길 몇 마디 나누더니 게임이나 계속하자고 했다.

그는 취업 준비생이었다. 몇 학년인지, 아니면 졸업을 했는지 그에 대해 아무것도 알지 못하는데도, 취업 준비생이라는 그 한 가지 이유만으로 나도 모르게 연민이 느껴졌다(엄마한테 말하는 모습은 빼고).

무슨 게임을 하는지도 궁금했기에 그의 모니터를 힐끔 쳐다보았다. 그러나 그 순간 나는 충격을 금치 못했다. PC방 이용 시간을 기록한 타이머에 '20:00'이란 숫자가 적혀 있는 게 아닌가(20:00은 20시간을 의미한다). PC방에서 20시간을? 이어지는 그의 얘기는 더 가관이었다. 그가 워낙 다른 사람 신경 쓰지 않고 대화를 나누고 있었기에, 내 자리에서는 굳이 엿듣지 않아도 다 들렸다.

취업 준비생은 그의 대외적 신분일 뿐이었다. 취업은 전혀 준비하지 않은 채, 한 달 가까이 PC방에서 시간을 보내며 게임을 하고 있었다. 집에서 아침 일찍 용돈을 받아들고 나와, 다음 날 새벽까지 게임을 즐기며 하루를 보내고 있었다. 무려 20시간을 넘게 말이다. 그는 온라인 게임을 하고 있었는데, 자신의 미래에 대한 걱정보다는 게임 속 캐릭터의 레벨업이 더 중요한 듯했다.

순간 아찔했다. 그와 같은 PC방에서 몇 시간 동안 게임에 미쳐 있는 나의 미래가 보였기 때문이다. 머릿속에 이런 생각이 스쳤다.

'나도 저렇게 게임 폐인이 되어
부모님이 힘겹게 버신 돈을 끝없이 축낼 수도 있겠구나.'

도서관에 있어야 할 내 오른손이 PC방에서 울고 있는 것만 같았다. 나는 '진짜 노력해야겠다!' 하고 결심했다. 이전까지 나를 짓누르던 무기력함은 그 학생의 훨씬 더 무기력한 모습을 접하는 순간, 어느새 자취를 감추었다. 나는 그 즉시 가방을 챙겨 들고 비장한 마음으로 도서관으로 향했다.

그 후 진심으로 노력을 다했다. 정말이지 그 취업 준비생의 모습은 아직도 생생하다. 순간적으로 불행한 내 미래가 오버랩되어 비쳤기에 아직도 잊히지 않는다. 오죽했으면 게임 도중 가방을 들고 곧장 도서관으로 직행했으랴.

취업이든 다른 무엇이든 우선 노력은 기본으로 받쳐줘야 한다.

힘들다고 안 할 수 있는 성질의 것이 아니다. 아무리 머리가 좋든, 남다른 비책이 있든 간에 노력이 없이는 아무것도 이룰 수 없다. 마음을 다해 노력해야 한다. 그러지 않는다면 무기력에 가득 차, 20시간 이상을 PC방에서 죽치는 사람이 될 수도 있다. 당신이라 해서 예외일 수는 없다. 그때 만난 취준생도 어쩌면 자신이 그렇게 되리라고는 이전에 한 번도 생각해본 적이 없을 것이다. 하지만 노력을 포기하고 무기력에 점차 항복하면서 그런 모습에 이르고 만 것이다.

많은 취업 준비생들이 취업 스트레스를 못 이기고 무기력에 빠진다. 하지만 노력을 멈추면 한 발짝도 전진할 수 없다. 며칠 동안 마음의 짐을 내려놓는 건 좋다. 그렇지만 충전이 되면 다른 핑계를 찾지 말고 마음을 다해 노력하는 본모습으로 복귀해야 한다.

취업의 실패는 신호 없이 당신을 찾아온다. 발자국 소리 하나, 미약한 숨소리 하나 내지 않고 어느 순간 다가와서 순식간에 당신을 지옥의 불구덩이 속으로 집어던져 버린다. 어떻게 하루를 보내는지도, 그 하루 동안 얼마나 많은 고민을 하는지도 안다. 그렇지만 혹시 '마음만 바빠서 진심으로 노력을 다하지 못하는 건 아닌가'를 수시로 자문해야 한다.

취업,
하고 싶은 것
맞죠?

한 학생이 내게 들려준 이야기다. 나를 만나기 전 인터넷 취업 관련 사이트에서 진로에 관해 여기저기 물어봤다고 한다. 그런데 모두가 약속이나 한 듯 같은 진로를 정해주더라고 했다.

"컴퓨터 보안전문가, 소프트웨어 개발자, 컴퓨터 프로그래머, 모바일 콘텐츠 개발자, 게임 프로그래머, 데이터베이스 개발자, 웹마스터, 컴퓨터 시스템 설계분석가, 응용 소프트웨어 개발자 중 생각해보시면 될 것 같습니다."

"취업에 성공하려면 경쟁력을 갖춰야 합니다. 준비된 인재로 평가받을 수 있도록 보다 효과적인 취업 준비를 하시기 바랍니다. 전공에 맞는 C언어, 자바, 윈도서버, 리눅스, 네트워크 등의 지식을 갖추십시오."

그의 전공은 컴퓨터공학이었지만, 전공을 살려서 취업하고 싶은 마음은 별로 없다고 했다. 그럼에도 그 조언을 따라 준비하다 보니 능률이 안 오른다고 했다.

'하고 싶은 게 뭔가요?'라고 물어보는 사람은 있었느냐고 하니, 그는 고개를 저었다. 그리고 자신이 무엇을 하고 싶은지도 잘 모르겠다고 덧붙였다. 하고 싶은 게 뭔지도 모르는 채 오직 전공에만 매여 노력한다는 게 얼마나 막막한지 나는 잘 안다. 문득 내가 겪었던 씁쓸한 그날이 떠올랐다.

취업을 준비하던 시절, 무엇부터 해야 할지 도무지 모르겠던 나는 우연한 기회에 정부가 지원하는 취업 컨설턴트 무료 상담 프로그램이라는 것을 알게 됐다. 절박한 심정으로 신청을 했고 운 좋게 당첨되어 상담을 받을 수 있었다.

나를 설명할 수 있는 자료를 준비하여 아침 일찍 집에서 나왔다. 상담실에 조금 일찍 도착한 나는 '이제 나도 취업 준비를 제대로 할 수 있겠구나' 하는 생각으로 설렘이 가득한 채 대기하고 있었다. '끼이익' 하는 소리와 함께 문이 열리며 한 남자가 들어왔다. 퀴퀴한 향수 냄새가 제일 먼저 맡아졌다. 검은색 정장에 무스를 발라 머리를 뒤로 넘긴 모습이었다. 그는 맞은편 의자에 앉아 다리를 꼬며 곧바로 내게 물었다.

"전공이 뭐예요?"

인사도 없이 느닷없는 질문에 언뜻 당황했지만, 앞길을 알려줄 소중한 사람이었기에 공손히 답을 했다.

"전자공학과입니다."

"토익은?"

"800점대입니다."

"오, 그래요? 그럼 여기 가면 되겠네."

그는 몇몇 기업을 알려주었다. 이미 자기가 수많은 학생을 취업시켰으니, 이대로만 가면 된다고 했다.

하지만 나는 '꼭 그 일만을 해야 하나?' 하는 생각이 들었다. 전공따라 취업하는 게 보통이지만, 그래도 혹시 다른 말을 해주지 않을까 내심 기대했다. 그런 생각에서 그가 언급하지 않은 회사 이름을 대며, 그곳에 지원하는 것은 어떻겠느냐고 물었다.

순간 그의 미간에 주름이 생기고 양 눈썹 끝이 아래로 치달았다. 턱에도 주름이 촘촘히 잡힌 채 그는 심각한 얼굴로 되물었다.

"취업하고 싶은 것 맞죠? 본인 하나 상담하는 데 내가 돈을 얼마나 지원받는지 알아요? 어마어마합니다. 그런데 이렇게 쓸데없는 질문이나 하면 될까요?"

나름대로는 안타까운 마음에서 그렇게 말했을지도 모르지만, 그의 짜증 어린 독설에 기분이 몹시 상했다. 그렇게 한 시간 채 안 되는 상담을 받았고, 쓸쓸한 마음이었지만 그래도 많은 학생을 취업시켰다는 그의 말이 맞는 거라고 생각했다. 그의 말대로 따라야겠다는 생각으로 자리에서 일어났다.

당시는 취업에 대해 막막함밖에 없어서 누군가의 조언을 받아야겠다고 생각한 시절이었다. 그래서 찾아간 게 취업 컨설턴트였다. 거침없이 나오는 딱 부러진 조언에 내키지는 않았지만 '그래야 하는구나!'라고 생각했다.

그 후 그의 조언을 따라 노력하려고 애썼다. 온종일 도서관에서 열심히 알아보기 시작했다. 그가 알려준 회사들을 조사하며 하루하루를 보냈다. 그런데 시간이 지날수록 이상하게 짜증이 났다. 마치 '싫어하는 과목의 시험 준비를 할 때'와 같은 느낌이라고나 할까. 능률이 나지 않았다. 그저 꼭두각시처럼 책상에 앉아 그가 조종하는 대로 멍하니 손가락만 움직이고 있는 것 같았다. 그러면서 이런 생각이 들기 시작했다.

'과연 그가 알려준 회사들만이 정답일까?'

그렇다고 내가 원하는 회사가 딱히 있진 않았다. '지원해야 하는 회사'라는 개념조차 내겐 없었다.

노력을 하자는 이성적 사고는 가득한데 마음이 내키질 않았다. 워낙에 나는 좋아하는 과목들에서만 유독 성적을 잘 받았다. 관심없는 무언가를 위해 노력하는 것 자체가 내 체질에 맞지 않았을지도 모른다. 하지만 취업은 좋고 싫고를 떠나 해야만 하니 끙끙거리며 '도서관 자리 지키기'를 계속했다.

그러던 어느 날이었다. 그날도 역시 도서관에서 회사들을 조사 중이었다. 조사만 하다 보니 지겨웠던 탓에, 그가 알려준 회사에 취업한 후기를 찾아보았다. 누군가가 잘된 이야기를 읽으면 동기 부여가 되리라는 희망을 품고 말이다.

그러다 찾은 어떤 후기에 나는 정신이 번뜩 들었다. 후기는 짧고 간략했다. '원하는 곳에 도전하니 준비 과정의 하루하루는 즐거운 노력의 연속이었다.' 즐거운 노력과 거리가 먼 내게는 몹시 충격적인 말이었다. 매일같이 싫은 마음으로 하려다 보니, 몰입해서 준비하지 못하고 있었다. 그 즉시 나는 컨설턴트의 조언을 잠시 잊고, 생각에 잠겼다.

'내가 원하는 취업은 무엇인가.'

마치 원점으로 돌아간 것만 같았지만, 가슴이 뛰기 시작하며 설렌다는 느낌을 받았다.

자신이 원하는 대상이 아니라면, 혹은 원하는 대상이 불분명하다면, 당신의 노력은 겉돌 수밖에 없다. 그러면 예전의 나처럼 그저 취업 컨설턴트가 가라는 회사에 사활을 걸어야 하는 상황이 될 수도 있다. 이는 당신의 취업 운전대를 남에게 맡기는 것이나 다름 없다. 당신의 차를 남이 어떻게 더 잘 알겠는가. 까딱하면 '묻지 마 취업행'이라는 도로를 달리게 될 수도 있다. 당신의 노력을 쏟을 대상을 찾아야 한다는 말이다. 원하는 게 어떤 것인지 생각해보아

| 취업, 이겨놓고 싸워라 |

야 한다. 취업 성공은 하고 싶은 일을 찾는 것에서부터 시작된다.

노력해도 취업에 어려움을 겪는다면 다시 한 번 자신을 바라보자. 진정 당신이 원하는 취업은 무엇인가. 원하는 것이 없거나 불분명하다면 당신은 자신의 길을 열 수가 없다. 아무리 노력을 한다 해도 그 노력은 성과를 가져다주지 못하고 내내 겉돌기만 할 것이다.

넓은 곳을 대상으로 쏘는 불꽃보다 좁은 곳에 집중적으로 쏘는 게 더 잘 타듯이, 당신이 원하는 곳을 찾는다면 강력한 동기를 가지게 되므로 이전과는 다른 노력을 할 수 있다. 싫은 것을 하는 것과는 다르게 행동으로 옮기기도 훨씬 쉽다.

싫은 일을 할 때는 설령 노력을 한다 해도 맛없는 음식을 꾸역꾸역 먹는 것과 다름이 없다. 그러므로 진정 원하는 취업이 무엇인지를 먼저 생각해보아야 한다. 지금 하는 노력이 진정 원해서 하는 노력인지 자신에게 진지하게 물어보자.

무조건 많이
지원하는 거야

　전략이라는 말은 어떤 목표에 도달하기 위한 최적의 방법이라는
뜻으로 일상적으로도 흔히 쓰인다. 전략은 시공간을 넘나들며 인
간사 곳곳에 지대한 영향을 끼쳐왔다. 적자생존과 약육강식의 세
계에서 약자가 강자를 이기기 위한 수단으로 사용되기도 했고, 시
대를 거치면서 지배층이 자신의 권력과 권위를 공고히 하는 도구
가 되기도 했다. 이후 군사이론의 등장과 함께, 전략은 보다 세분
화되고 전문화되었다.

　내가 입사한 컨설팅회사에서도 전략의 중요성을 항상 강조한다.
고객사의 비즈니스에 직접적으로 연결되기 때문이다. 잘못된 전략
은 고객사의 비즈니스에 치명타를 입히기 때문에 한 번 틀어지면

돌이킬 수 없다.

그래서 실제 수행 단계에 들어가기 전에 어떤 방법이 가장 현명하고 효율성이 높은지 수없이 많은 고민을 한다. 무작정 밀어붙이는 식으로 프로젝트를 강행했다가는 최악의 상황을 맞이할 수 있다는 사실을 너무도 잘 알기 때문이다. 이는 취업에서도 마찬가지다.

내가 취업에 도전하기 이전, 먼저 취업 전선에 뛰어들었던 한 선배가 있다. 항상 자신감 넘치는 모습을 보여주던 선배로, 한때는 후배들에게 인생사에 대해 많은 조언도 해주곤 했다. 하지만 취업을 준비하는 시기가 되자 어느 순간 종적을 감추었다. 그 후 그가 취업에 실패했다는 소식을 주변 지인들을 통해 들었다.

하루는 도서관에서 공부를 하던 중이었다. 문득 누군가가 뒤에서 쳐다본다는 느낌이 들었다. 돌아보니 그 선배였다. 덥수룩하게 수염이 난 얼굴로 그는 멋쩍게 인사를 건넸다. 수염 때문에 그런지 모르겠지만, 예전의 당당하던 모습과는 사뭇 달라 보였다. 취업에 실패해서 그런가, 뭔가 자존감이 낮아 보이는 모습이었다.

우리는 자판기 커피를 마시러 나갔다. 오랜만에 나를 봐서 반가웠는지, 그는 우여곡절 많았던 자신의 지난 일을 스스럼없이 들려주었다. 특히 취업에 대해 많이 이야기했다. 아직 도전조차 시작하지 않은 내게, 취업은 어려운 일이라는 말을 몇 번이고 반복했다. 그저 아직은 뭣도 모르는 내게 맘껏 이야기하고 싶었던 것 같다.

그는 자신이 귀가 얇은 사람인 것 같다고도 했다. 누가 좋다고 하는 회사 얘길 들으면 어느새 따라서 지원하곤 했다는 것이다. 남들에게 '꿀리는' 회사는 들어가기 싫어서 그런 것 같다고 했다. 하지만 만만치 않은 경쟁률 탓에, 지원하는 족족 불합격 통보만을 받았다고 한다. 그럴 때면 함께 지원했다 떨어진 지인들과 '아프니까 청춘'을 외치며 술을 퍼마셨다는 것이다.

그도 어렴풋이 자신의 문제를 알고 있는 것 같았다. 하지만 그럼에도 바꿀 생각은 그다지 없는 듯했다. 이후 그가 또 취업에 실패했다는 소식이 들려왔다. 그리고 얼마 후 도서관 토론 학습실에서 열띤 토론을 하는 그를 볼 수 있었다. 방학 인턴에 지원하고 있었다. 떨어진 이들과 다 같이 모여서 말이다. '여기에 붙기 위해서는 어떻게 해야 한다' 등의 그의 목소리가 들려왔다.

그러나 이 역시 높은 경쟁률 탓에 실패했다는 소식을 들었다. 다음 학기가 시작되었을 때, 그는 보이지 않았다. 취업이 안 되어 고향 집으로 내려갔다고 한다. 남들이 좋다고 말하는 회사만을 고집하느라, 정작 제대로 준비를 하지 못해 실패한 거라는 확신이 들었다.

당시 취업에 대해서 잘 몰랐던 나였지만, 그의 말을 듣고는 '남들이 좋다고 하는 회사에 지원하는 전략은 틀린 것'임을 대번에 알 수 있었다. 누가 봐도 엄청나게 치열한 전쟁터인데, 그런 곳에 제대로 된 준비 없이 들어갔다간 바로 전사하기 십상 아니겠는가.

그의 전략은 소위 말하는 '묻지 마 지원' 방식이다. 합격하기가 당연히 힘들 수밖에 없다. 그저 '다수가 좋다고 말하는 회사에 지원한다'는 전략을 취하다 보니, 무엇 하나 제대로 준비할 수가 없다. 심지어 경쟁조차 치열하다. 잘 준비된 지원자들에게 밀리는 건 당연한 결과다.

한 번은 이런 전략을 구사하는 사람을 만나기도 했다. 그는 같은 수업을 듣는 선배이자 취업 준비생이었다. 매번 조별 과제를 할 때마다 취업 준비 때문에 바쁘다며 불참했다. 그러던 어느 날 못내 미안했는지, 불쑥 조 모임에 나타나서 술 한잔 사겠다며 우리를 끌고 갔다. 그렇게 하지 않으면 아마 과제 명단에서 빼버릴지도 모른다고 생각한 것 같기도 하다.

그는 요즘 취업 준비에 너무 바쁘다며, 우리도 나중에 같은 상황을 겪게 되면 그럴 것이니 이해해달라고 사정했다. 그리고 마치 과제에서 빠진 대가를 치르는 것처럼, 자신이 알고 있는 취업 비법을 알려준다며 이렇게 말했다.

"너희도 취업할 때가 오면 명심할 게 하나 있어."

"그게 뭔데요…?"

"무조건 많이 지원하는 거야. 어디든 가리지 말고 다 써버려. 다른 자소서를 복사해서 붙여넣기도 하고, 질 따위는 따지지 말고 우선 쓰는 거야. 주변에 이렇게 성공한 선배들이 있거든. 어디 하나 걸리겠지 하는 심정으로 공장 제품 찍어내듯이 무지막지하게 찍어내는 방법이지. 그러면 어떻게든 하나는 건질 수 있대."

그는 비밀을 공유하는 것처럼 귀띔해주었다. 그렇게 그는 조별 과제에 빠진 공백을 술 한잔과 취업 비법 전수로 대체했다. 취업에 대해 모르던 우리는 그러려니 하며 우리끼리 과제를 해나가기로 하고 그 선배를 응원했다.

그렇게 한 학기가 거의 지나갈 때쯤이었다. 기말고사를 앞두고 조 과제를 하던 어느 날이었다. 뜬금없이 그가 모임에 온다는 것이었다. "학점이라도 잘 받아야 한다"고 혼잣말을 중얼거리며 주도적으로 과제 진행을 이끌었다.

이후, 술자리에서 그의 이야기를 들었다. 지원한 회사마다 몽땅 떨어졌다고 했다. 간혹 갔던 면접에서도 "쟁쟁한 경쟁자들 탓에 깊은 인상을 남길 수 없었다"고 말했다. 다시 준비해서 다음 학기를 노린다며 조 과제라도 잘해서 그나마 나은 학점을 받으려고 모임에 나왔다고 했다.

이를 보고 나는 잘못된 취업 전략을 가지고 도전하면 실패한다는 교훈을 얻었다. 그래서 내가 취업할 때는 전략을 잘 세워야겠다고 다짐했다. 접근방법에 대해 끊임없이 고민해야 하고, 잘못됐다면 과감히 접고 올바른 방향으로 수정해야 한다는 생각도 했다.

그가 실패한 이유는 간단하다. 그저 효과적인 전략이 아니었던 것이다. 많이 쓴다는 것은 좋은 발상이지만 서류의 깊이가 없다는 문제가 불거진다. 그러면 당연히 경쟁자들에게 밀릴 수밖에 없다. 그가 고심해서 전략을 잘 세웠다면 성공했을지도 모른다.

지금부터 당신이 명심해야 할 한 가지가 있다. 바로 이것이다.

'방법이 잘못됐다고 느끼면 과감히 다른 방법을 취하는 것.'

많은 이들이 취업에 실패하는 것은 잘못된 전략이 큰 원인이다. 효과적인 전략을 세우고 도전해야 성공 가능성이 높아진다.

같은 조건이라도 전략을 어떻게 세우느냐에 따라 다른 결과가 일어난다. 전략을 잘 세워서 투자하지 않고 노력만 해서는 성공하기 어렵다. 그러니 반드시 전략을 세워야 하며, 더 나은 전략이 있으면 과감히 바꿔야 한다. 우선 지금 단계에서는 생각부터 바꾸자. 그래야 행동으로 옮길 수 있기 때문이다.

어디서부터
잘못된 걸까?

하루에도 수많은 이들이 수시로 상담을 요청해온다. 대개 전반적인 취업 방법에 대해 고민을 가지고 찾아오지만, 첫 취업의 중요성을 알고 온 이들에게도 나름의 고민이 있다.

"대표님, 어떻게 취업해야 할지 모르겠어요."

"제가 무슨 일을 좋아하는지 모르겠어요. 그래서 아무 곳이나 쓰다 보니, 면접을 봐도 합격 이전에 마음에서부터 내키지가 않아요."

"취업하고 싶은 분야는 있는데, 어떻게 도전해야 할지 모르겠습니다."

나는 그럴 때마다 먼저 학생들의 현 상태가 어떤지 진단을 해본다. 취업에 대한 생각과 그에 따른 준비 상태가 제각각이기 때문이다. 어떤 이는 어느 정도 준비했지만 취업에 대해 잘못 이해하고 있다. 또 어떤 이는 아예 준비조차 안 되어 있다. 무작정 현실에 대한 불만부터 쏟아내는 이들도 있다. 그래서 나는 첫 코칭 시간에는 저마다의 상태를 점검한 후에, 취업에 대한 관점을 바꿔주고 집중할 부분을 알려주기 위해 애를 쓴다.

그중 내가 만난 한 준비생은 참 복잡한 사연을 가지고 있었다. 이미 두 학기나 취업에 도전했으나 끊임없이 실패의 고배를 마셨다. 그와의 첫 만남은 전화 상담을 통해서였다.

"안녕하세요, 대표님. 어떻게 취업해야 할지 몰라 상담 요청을 했습니다. 제가 말이죠, 이번에 담배 회사의 IT 직무 인턴에 지원해서 면접 보러 오라는 소식을 받았습니다. 그런데 그 사실을 아버지께 이야기했다가 엄청나게 혼이 났거든요…."

"아, 축하해야 할 일 아닌가요?"

그는 혼란스러워하는 목소리로 말을 이었다.

"사실 제가 일전에 상경계열 직무로 지원할 거라고 난리를 쳤었거든요. 그런데 정작 지원한 곳이 공과계열이라…. 그래도 면접인데 가봐야겠죠?"

이야기를 듣다 보니 그는 이런 과정을 겪어왔다. 경제학과로 입학했다가, 공대가 취업이 잘된다는 친구의 말을 듣고 컴퓨터공학과로 옮겼다. 그런데 마음이 바뀌어 상경계열 취업으로 방향을 바꿨다.

이 때문에 부모님의 반대가 심했지만, 한 판 붙으면서까지 설득했다고 한다. 심지어 경영학 복수전공도 신청했고 영어능력을 키워야 한다는 빌미로 외국 어학연수까지 다녀왔다. 그런데 어려운 취업 현실에 다시 공대로 눈길을 돌려 그 담배 회사에 IT 직무로 지원하게 된 것이었다.

내가 아버지였어도 한소리 했을 법하다. 진단해본 결과, 그에게는 하고 싶은 일에 대한 기준이 전혀 없었다. 그래서 매번 회사에 지원할 때마다 혼란스러웠던 것이다.

나는 '하고 싶은 일'부터 찾아야 한다고 조언했다. 원치 않는 곳에 지원하며 노력과 시간을 쏟다가 정말로 원했던 회사를 놓칠 수도 있으니, 초심으로 돌아가서 뭘 하고 싶은지 다시 한 번 생각해보라고도 덧붙였다.

"하고 싶은 걸 정했다고 해서 정말 뭐가 달라지기라도 할까요?"

그가 또 물었다. 나는 곧바로 이유를 알려주었다.

"하고 싶은 게 정해지면, 그다음엔 어떻게 하면 이룰지를 생각할 수 있습니다. 그렇지 않으면 애초에 뭘 해야 할지도 몰라요. 하고 싶은 걸 찾아야 취업에 속도가 붙습니다."

그는 여전히 혼란스러운 감정이 남아 있는 듯했다. 하지만 조언을 받아들이고 당분간 다른 것을 미뤄놓고 하고 싶은 일 찾기에 전념했다. 그 후 성공적으로 찾아냈고, 어떻게 이뤄낼지 고민하는 단계로 옮겨갔다.

이처럼 문제점이 무엇인지를 먼저 알아야 해결이라는 다음 단계로 넘어갈 수 있다. 특히 진단을 해보면 이상의 사례에서와 같은 이들이 다수 존재한다. 그렇기에 자신의 현 상황을 파악하는 것이 무척 중요하다.

나도 예전에는 내 문제점에 대해 무지했다. 하고 싶은 일조차 없었다. 그래서 수십 번 고민하며 절망에 빠지기도 했고, 그저 무의미한 시간을 보내기도 했다. 남들이 하는 것만 따라 하는 일상을 보낸 적도 있다. 원한 바는 아니었지만 한때 묻지 마 지원자의 성향도 있었다. 하루하루가 쳇바퀴 도는 다람쥐처럼 제자리걸음을 할 뿐이었다.

그러다 문득 '도대체 내가 뭘 하고 있는 건가' 하는 회의를 느꼈다. 이런 시간이 계속되면 분명 취업을 포기할 것만 같았다. 그래서 내 삶에 활력을 불어넣기 위해서라도 문제점부터 찾아 나섰다. 단지 취업뿐이 아니라 그 이후에도 만족하며 살아가는 모습도 꿈꿔보았다. 그러는 동안 성공적인 취업을 해야겠다는 생각이 더욱 굳어졌다.

특히 하고 싶은 일을 찾기 위한 여러 도구도 만들어서 나를 그 실험대에 올려놓고 실험해보기도 했다. 과정마다 정신적으로 고통이 있었지만 하나하나 깨달음을 얻어갔다. 그러다 보니 자연스레 해야 할 일들이 보이게 되었다. 말 그대로 '순풍'이 불기 시작했다. 그렇게 취업 전반의 과정에서 나에 대한 총체적인 진단을 했기에, 이후 종종 '역풍'이 불어와도 헤쳐나갈 수 있었다.

사전에 자신의 문제를 진단하고 부족한 부분을 바로잡아나가야 한다. 그래야 불필요한 시간 낭비를 하지 않는다. 맨땅에 헤딩해야 했던 나는 시간이 많이 걸렸지만, 당신은 이 책을 읽어나가며 문제점을 발견하고 고쳐나갈 수 있기에 상당한 시간을 벌 수 있을 것이다.

다음의 체크리스트를 통해 먼저 점검해보자. '아니요'라고 대답한 항목들이 나오면 표시해놓자. 그리고 이 책을 계속 읽어가며 주의 깊게 살펴보자. 그러면 당신이 깨닫는 부분이 더 명확히 보일 것이다.

- 첫째, 하고 싶은 일은 있는가?
- 둘째, 진입하고 싶은 업종은 있는가?
- 셋째, 지원하고 싶은 직무는 있는가?
- 넷째, 가고 싶은 회사는 있는가?
- 다섯째, 깊이 있는 내용으로 수많은 기업에 지원할 생각이 있는가?
- 여섯째, 외국계 기업도 가리지 않고 쓸 것인가?
- 일곱째, 취업 시즌에 진입해서 효율적으로 움직일 방법을 생각해놓았는가?
- 여덟째, 성공할 거라는 확연한 믿음이 있는가?

취업 전선에서는 매 순간 빠른 의사결정이 필요하다. 그러므로

| 취업, 이겨놓고 싸워라 |

자신의 문제점을 알아야 망설이지 않을 수 있다. 여기에서 소개하는 체크리스트를 통해 문제점을 대략 점검해보자. 그 후 자신이 부족한 부분에 유념하면서 읽어나가자. 그러면 보강해야 할 점이 무엇인지를 확실히 알 수 있을 것이다.

취업은 사회인으로 발돋움하는 첫걸음이다. 대충 준비하다가는 큰코다친다. 어쩌다 취업에 성공해도 마음에 들지 않아 다시 취업 준비생으로 돌아오기도 한다. 이런 실패를 줄이려면 취업을 준비하겠다고 마음먹은 시점부터 체계적으로 시작해야 한다. 여기서는 우선, 자신이 가지고 있는 문제에 대해 감을 잡는 정도로 마치자. 당신의 취업, 어디서부터 잘못된 것일까? 지금 즉시 체크해보자.

취업에는
추월차선이 있다

    취업 준비생에서 일찍 벗어나는 지름길은 분명히 존재한다. 취업에 성공할 수 있고 만족 속에 직장을 다니며 대부분의 사람이 누리지 못하는 꿈을 갖고 살아갈 수도 있다. 안타까운 사실은 당신이 손쉽게 발견할 수 없도록 그 지름길이 교묘하게 가려져 있다는 것이다.

    취업 시장에서 당신에게 가장 잘 보이는 건 대부분이 당신의 생각을 마비시키는 길이다. 그 길은 당신에게 취업과 그 이후에도 불평 가득한 삶을 제공한다. 취업에 대해 고민하지 않은 자들을 위해 만들어져 있고 그저 취업만을 위해 본인의 꿈은 버리라고 강요하는 분위기가 형성되어 있다.

당신이 이런 취업의 길로 가는 중이면 분명 다음과 같은 질문을 던질 것이다. '취업을 하려면 어떤 스펙이 있어야 하지?'라고. 이 질문에 대한 답을 구하기 위해 당신은 스펙 한 줄을 더해줄 자격증이나 대외활동들을 좇을 것이다. 이러면서 '또, 뭘 안 했지?'라고 생각할 것이다.

이제 그만 멈춰라. 해답은 당신이 '무엇을 하지 않았는가'가 아니라 '무엇을 왜 해왔는가'에 있다. 이 사실을 직시하지 못하면 당신은 취업의 서행차선만 달리다가 뒤늦게 추월차선을 발견하고 땅을 치고 후회할 것이다. 그리고 실제로 대다수가 그러하다.

이집트 파라오가 그의 조카 추마와 아주르를 불러 임무를 맡겼다. 조국을 위한 기념비적 피라미드를 하나씩 지어 바치라는 것이었다. 각 피라미드가 완성되는 대로 왕자의 지위를 주고 호화로운 삶을 살도록 해주겠다고 약속했다. 단, 혼자서 건설해야 한다는 조건이 있었다. 그 둘은 이 엄청난 일을 마치려면 몇 년이 걸릴 것임을 알았지만 파라오의 명을 받은 것에 감사하며 도전하기로 했다.

아주르는 별 준비 없이 곧바로 도전에 착수했다. 크고 무거운 돌을 끌어와서 하나하나 옮겨놓았다. 돌은 너무 무거워 움직이기가 어려웠지만 몇 달이 지나자 그의 피라미드는 토대를 갖추기 시작했다. 그리고 1년에 걸친 작업 끝에 큰 틀은 거의 완성하기에 이르렀다.

그러나 추마의 피라미드가 있어야 할 곳은 텅텅 비어 있었다. 아직 도전조차 시작하지 않았던 것이다. 아주르는 그런 추마를 찾아갔다. 그는 헛간에서 무언가를 만들고 있었다. 무엇을 만드느냐고 물으니, 추마는 피라미드를 쌓아올릴 기반을 준비하고 있다고 했다. 1년 동안 돌도 쌓지 않은 채 그저 준비를 하고 있는 그를 보고, 아주르는 코웃음을 치며 머저리라고 비아냥거렸다. 하지만 추마는 굽히지 않고 준비에 몰두하며 이렇게 말했다. "아주르, 너는 그저 왕자의 지위에 대한 욕심 때문에 눈이 멀어 멀리 보지 못하고 있어. 내겐 그만 신경 꺼. 나는 확신하니까." 아주르는 그런 추마를 보며 그저 바보 같다고만 생각했다.

또 한 해가 지나자, 아주르는 기초를 마무리하고 다음 층을 쌓기 시작했다. 피라미드를 성공적으로 짓기 위해 근육을 최대한 키워야겠다고 막연하게 생각한 그는, 힘이 센 자에게 훈련을 받기도 했다. 더 키우면 키울수록 성공적으로 피라미드를 지을 수 있을 거라 생각했다.

그러던 어느 날, 아주르가 무거운 돌을 옮기고 있었는데 어디서 소란스러운 소리가 들렸다. 추마가 나타난 것이다. 심지어 무거운 돌을 피라미드 위로 순식간에 끌어올리고 있었다. 추마는 지금까지 돌을 옮기는 기계를 만들었던 것이다.

추마는 아주르가 1년을 꼬박 해온 일을 일주일 만에 따라잡았다. 결국 그보다 먼저 피라미드를 짓는 데 성공해, 왕자의 지위와 엄청난 재물을 물려받았다. 한편 추마는 자신의 관점을 고수하고 오랜 세월 쌓기만 하다가 두 층을 남겨놓고 심장마비로 생을 마감했다.

어떻게 추마가 아주르를 제치고 성공적인 피라미드를 만들 수 있었을까? 그 비결은 준비 과정에 있었다. 생각 없이 행동부터 하며 육체적 스펙만을 키워 어떻게든 해보려고 했던 아주르와 다르게, 추마는 다방면으로 철저히 준비했고 그가 고안한 시스템을 따라 도전했기에, 어려운 피라미드 건설을 빠르게 성공할 수 있었다.

아주르가 그저 돌을 들어 쌓아올리는 서행차선을 탔다면, 추마는 다방면의 준비와 철저한 시스템을 통해 추월차선을 타고 성공한 것이다. 이는 취업에서도 별반 다를 바가 없다. 아무 생각 없이 도전하다가 어렵다 싶어지면 남들이 좋다고 이야기하는 스펙 쌓기로 발길을 돌리는 것과 확률을 높이는 다방면의 준비를 하고 시스템에 따라 도전하는 것은 다른 결과를 가져올 수밖에 없다.

취업의 서행차선을 타는 이들과 추월차선을 타는 이들 간의 차이는 다음과 같이 볼 수 있다.

취업의 서행차선

취업의 서행차선을 걷는 사람은 누구인가?

그들에게는 명확한 목적지가 존재하지 않는다. 그저 좋은 곳이라 생각되면 지원하기 바쁘다. 안 되면 그 즉시 스펙 부족이라 판단하고 좋다고 하는 스펙을 더 갖추거나 기존에 보유 중인 스펙을 더 향상시키려 한다. 묻지 마 지원과 스펙의 노예로 살아간다.

서행차선의 사고방식

회사에 대한 인식: 돈만 많이 주면 어디든 괜찮아.

취업 도전 방정식: 되는 대로 지원하자.

취업 결과에 대한 인식: 취업만 하면 모든 게 끝이야.

취업 후 미래에 대한 인식: 취업이 급한데 무슨 미래 생각이야!

서행차선이 끌어당기는 것: 불합격

서행차선에서의 도전은 불합격을 끌어당긴다. 그들의 여정은 단기적이라 합격을 향한 강력한 힘을 발휘하지 못한다. 그들에게 실패의 이유를 물으면 세상이 문제라며 외부요인을 탓할 것이다.

취업의 추월차선

취업의 추월차선을 걷는 사람은 누구인가?

그들의 사상은 명확하다. 나아갈 방향을 잡는다. 그것을 이루기 위해 효율적 체계를 만들어 취업 확률을 극대화하고자 한다. 이후 커리어까지 생각하기 때문에 첫 취업을 중요시한다.

추월차선의 사고방식

회사에 대한 인식: 일을 배우고 평생 살아갈 밑천을 만드는 곳이어야 해.

취업 도전 방정식: 원하는 곳에 들어가자.

취업 결과에 대한 인식: 취업하고 다음 여정을 향해 더 박차를 가해야지.

취업 후 미래에 대한 인식: 미래를 바꾸려면 첫 취업을 반드시 잘해야 해.

추월차선이 끌어당기는 것: 합격

추월차선에서의 도전은 합격을 끌어당긴다. 그들은 인생을 잘 살기 위해선 자신이 하고 싶은 일을 해야 한다는 걸 알기에 성공적인 첫 취업에 모든 걸 건다. 그렇기에 합격을 향해 강력한 힘을 발휘한다. 그들에게 직장은 배우면서 다닐 수 있는 학원 같은 존재다. 그래서 자신이 원하는 것을 배우기 위해 신념을 갖고 철저히 준비한다.

취업의 추월차선을 타자. 서행차선을 따라가면 취업으로 향하는 길은 멀고도 어렵기만 하다. 설령 취업에 성공해도 이후 미래가 불투명하다. 그 길에서 겪는 괴로움에 포기하기도 한다.

반면 추월차선은 당신이 하고 싶은 일을 향해 도전할 수 있기에 단숨에 액셀러레이터를 밟고 나아갈 수 있다. 명확한 목표가 있으니 흔들리지 않고 꾸준한 노력을 하며, 효율적인 시스템에 따라 도전하여 취업 확률을 극대화한다. 관점을 바꾸면 당신은 추월차선에 올라 원하는 곳에 빠르게 합격할 수 있다.

2장

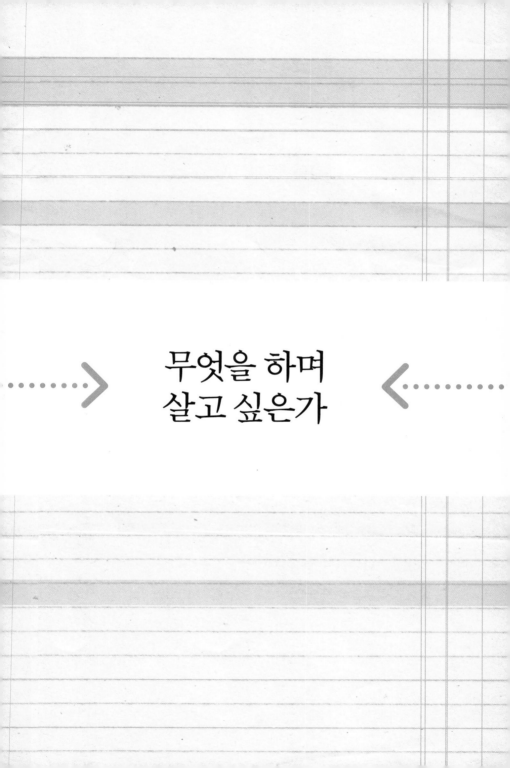

무엇을 하며
살고 싶은가

방향이
취업 속도를
결정한다

요즘 신문을 보면 취업난이 재앙 수준으로 치닫는다는 기사가 자주 보인다. 취업 빙하기가 왔다, SKY조차 먹히지 않는 시대가 왔다 등 기운 빠지는 소리가 가득하다. 그런데 신문이든 인터넷 포털이든 어딜 봐도 취업 준비생의 프로필은 항상 똑같은 형식으로 소개된다. 일테면 이런 식이다. '○○○대, 토익 ○○○점, 해외 교환학생, 대기업 인턴. 취업 실패.'

어디를 준비하고 있다는 말은 쏙 빠져 있다. 이를 볼 때마다 나는 취업 준비생들의 시선이 스펙 중심으로 굳어버릴까 봐 걱정이 된다. 한때 나도 저런 소개를 보며 스펙이 취업의 중심이라 생각했기 때문이다.

| 취업, 이겨놓고 싸워라 |

'그래, 저 사람은 학교가 좋아서 그래.'

'저 사람은 토익 점수가 높잖아.'

'저 사람은 자격증이 많아서 그렇지.'

'스펙이 좋은 게 취업의 지름길이다, 하고 싶은 것 이전에 우선 좋은 스펙부터 있어야 한다, 세상은 그런 자들을 더 선호하니까.' 이것이 나의 믿음이자 신념이었다. 실제 세상에 소개되는 취업에 성공한 이들도 전부 스펙 몇 줄로만 소개되어 있었다. 좋은 스펙은 분명 성공적인 취업의 결과를 가져올 것으로만 보였다. 그래서 환상적인 스펙을 만들어보려는 심정으로 이것저것 알아보았다.

당시 대세라고 말하던 한자 자격증부터, 신문사 주관 경제 자격증, 한국어 능력 시험, 심지어 한국사 자격증까지 좋다고 하는 자격증은 다 찾아보고 다녔다. 어떤 날은 직장인들만 따는 고가의 자격증까지 찾아보며 '이걸 도전해야 하나, 말아야 하나' 하며 고민했던 적도 있다. 그렇게 열심히 알아보고 다니다 보니 합격에 가까워질 것 같은 예감이 들었다.

그러나 이런 기분 좋은 감정은, 시간이 흐를수록 고민으로 바뀌어갔다. 좋다고 하는 스펙을 다 가져다 붙이면 인재로 탈바꿈할 것만 같다는 생각과는 달리, 그런 스펙 범벅이 된 나를 상상하면 할수록 나만의 정체성이 사라지는 것처럼 느껴졌다.

세상에는 좋아 보이는 스펙이 너무나도 많다는 게 가장 큰 문제였다. 평생 도전해도 내 것으로 만들지 못할 정도로 수많은 스펙,

스펙들. 해볼 만한 것이 이렇게 줄줄이 소시지니, 어느 것부터 해야 할지 떠오르지 않고 혼란만 더해갔다.

그러다 보니, 남들의 의견에 의존하기 시작했다. 남들이 괜찮다고 하는 스펙에 내 귀는 나비가 날갯짓을 하듯 팔랑거리며 이 스펙 저 스펙 찔러보게 했다. 특히 경제 자격증은 2주만 하고 그만뒀다. 이것저것 맛만 보느라 시간을 길바닥에 뿌리고 다녔다. 그럼에도 스펙을 쌓아야 취업이 잘 될 거라는 내 생각은 변치 않았다. 내게 적합한 것을 찾지 못하는 것뿐이라고 생각했다.

그렇다. 나도 세상 대다수의 스펙주의자들과 별다를 게 없었다. 오히려 나야말로 스펙만능주의의 선봉이었다. 취업을 스펙으로 해결할 수 있을 거라 생각했다. 정말이지 스펙만을 찾아 이리저리 헤매며 맛만 보고 다니는 스펙의 노예와도 같았다. 아마도 그 시간을 줄였다면 더 빨리 취업에 성공했을 것이다. 그러다가 어떤 한 사람을 만나면서부터 관점의 새로운 국면을 맞이했다.

그날은 우연한 기회로 내가 아는 그녀를 포함하여 여러 지인과 식사를 함께했다. 그녀와는 오랜만에 같이하는 자리였다. 간단히 밥을 먹고 우리 일행은 주변 술집으로 옮겨 취업 한풀이를 했다.

그러던 도중 그녀가 취업의 고배를 마시고 있다는 얘기를 들었다. 뛰어난 스펙의 소유자인 그녀가 말이다. 수능 1등급만 들어간다는 학교에 재학 중이었고, 만점에 가까운 토익 점수에다 4.0 이상의 학점 소유자였다. 여러 자격증도 있었고 해외 교환학생을 다녀와 영어도 잘했다. 심지어 사교성도 좋고 외모도 준수했다. 흔히 '반칙'이라 불리는 존재였다.

그런 그녀가 왜 취업에서 어려움을 겪는지 궁금했다. 내가 저런 스펙만 가지고 있었다면 어디든지 취업할 수 있을 것만 같았다. 궁금증을 못 참고 그녀에게 물어봤다.

"대체 뭐가 문제기에, 널 떨어트려? 어느 단계서 떨어진 거야?"

참 직설적인 질문이었다. 궁금증이 컸던 탓에 미처 말에 '필터링'을 하지 못했다.

"그게 말이에요….."

그녀는 허심탄회하게 설명해주었다. 이 회사는 이 단계에서 떨어졌고, 저 회사는 저 단계에서 떨어졌다고.

그런데 듣다 보니 그녀의 탈락에서 하나의 공통점을 발견할 수 있었다. 그녀는 서류는 많이 붙었지만 면접에서 계속 떨어졌다. 2차 임원 면접에서 전부 탈락했는데, 특히 '우리 회사에 왜 지원했는가?'라는 질문에는 그녀 자신도 만족할만한 답변을 못 했다고 한다.

스펙이 최고라고 생각했는데, 그녀 이야기를 들으니 '스펙이 전부가 아닌 건가?' 하는 의문이 생겼다. 얼핏 그녀의 탈락 이유가 마땅히 가고 싶은 방향이 없어서 그런 것이 아닐까 하고 추측하기도 했다.

그러나 그 생각은 곧 잊히고 말았다. 학기가 끝날 때쯤 그녀는 결국 어느 대기업에 합격했다. '취업은 스펙이다'라는 믿음을 모두에게 각인시키는 결과였다. 그녀 역시 스펙을 잘 준비하면 된다는 뉘앙스로 조언했다.

그런데 몇 달 후 믿지 못할 소식이 들려왔다. 그녀가 재취업을 준비하고 있다는 것이다. '이게 무슨 일인가!' 하며 주변 지인들은 의아해했다. 나도 마찬가지였다. 그런데 그 순간 예전에 얼핏 했던 추측이 내 뇌리를 스치며 이런 생각이 들었다.

'방향이 명확하지 않으면
합격을 해도 그만둘 가능성이 높구나.
역으로, 방향이 명확하면
예전 그녀처럼 중도탈락할 가능성이 줄겠구나!'

올바른 방향을 잡는 것이 결국 빨리 취업하는 지름길이라는 생각이 들면서 스펙이 전부가 아니라는 것을 깨달았다. 방향부터 잡아야겠다는 내 생각은 추측에서 확신으로 굳어졌다.

그녀의 재취업 소식은 내게 사고의 전환을 가져다준 사건이었다. 방향을 잘 정하지 않고 도전하면 어려움을 겪고, 설사 취업에 성공해도 만족하지 못하고 뛰쳐나올 수 있다는 것을 알게 됐다.

방향만 잘 잡아도 남들보다 합격에 더 빨리 다가갈 수 있다. 방향에 맞춰 준비만 하면 되기 때문이다. 마치 직선코스에서 운전할 때 방향을 신경 쓰지 않고 액셀러레이터를 힘껏 밟는 것과도 같다. 가고 싶은 방향을 정해 취업하면 그 이후도 좋다. 만족하며 회사에

| 취업, 이겨놓고 싸워라 |

다닐 수 있고, 더불어 다음 커리어를 설계할 때도 매우 수월하다.

나는 고민 속에 몸부림치는 수많은 시간을 제물로 바치고 나서야 깨달았다. 방향을 잘 잡는 것이 스펙을 쌓는 것보다 중요하다는 것을. 더불어 재취업에 도전하지 않게 하는 것은 내 인생에 대한 배려라는 것도 깨달았다. 그러므로 하고 싶은 일을 찾아서 나아갈 방향을 정하라고 말해주고 싶다.

잘못된 방향은 영웅적인 능력을 갖추었다 해도, 어느 순간 당신을 영구로 만들어버릴 것이다. 초반에 방향을 잘 설정해서 영구가 아닌 영웅이 되어야 한다. 많은 이들이 간과하는 '하고 싶은 일 찾기'는 확률로 승부하기 위한 첫걸음이다. 이 점을 명심해야 한다.

네 안에 잠든
욕망을 깨워라

요즘에는 사람의 강한 의지가 어디서 비롯되는지에 관심이 많다. 그러면서 사람의 정신세계는 어떻게 되어 있는지 고민하기까지 이르렀다. 답을 찾지는 못했지만 어느 의학자가 한 말을 보고, 어느 정도 가까운 해답이라 생각했다. 1930년대에 전문 정신의학자로 이름을 알렸던 루이즈 E. 비슈(Louis E. Bisch)는 인간의 의지와 관련하여 의학적 관점으로 이렇게 말했다.

"의지를 움직여라. 흔들리지 않는다면 실패할 수가 없다! 충분히 오랫동안 포기하지 않고 계속하면 된다. 그러면 당신의 무의식에 이런 일이 일어난다. 우선 당신은 기존의 반사궁(반사에 관여하

는 신경경로), 즉 당신을 억압하고 당신이 원하는 사람이 되지 못
하도록 방해했던 습관들을 무효화하고 완전히 없애버린다. 그
다음에는 기존의 반사궁을 대체하는 새로운 반사궁이 생긴다.
새로운 반사궁은 당신의 효율성을 높여 당신이 원하는 곳으로
데려다 주는 기쁨을 선사할 것이다."

'뭐에 미쳤다'는 말을 많이 들어봤을 것이다. 엄청나게 몰입한다
는 뜻이다. 한때 나도 이 몰입하는 계기가 있었기에 강한 의지가
생겨났다.

지인 중 청와대에서 근무하는 선배가 있었다. 그는 다른 직장을
다니다 고군분투한 끝에 청와대에 들어갔다. 멋지고 부러웠다. 단
지 내게는 멀기만 한 동경의 대상이었지만.
그러던 어느 날 그에게서 전화가 왔다. 입사 후 바쁜 일정 탓에
한동안 연락하지 못해 안부를 전할 겸 전화했다고 했다. 입사 소감
을 물어보니 만족스럽게 다니고 있다고 한다. 그러면서 내게도 열
심히 준비해서 지원해보면 어떠냐고 물었다. 문득 솔깃해져서 그
에게 전형을 물어봤다. 지원하고 시험을 봐야 한다고 했다. 쉽지는
않지만 열심히 준비하면 가능할 거라고 말했다. 같이 일하면 참 재
미있겠다며, 나를 부추기기도 했다.
'청와대' 세 글자로 구성된 저 완벽하고도 아름다운 울림이 가장
매혹적이었다. 그저 동경의 대상일 뿐이던 저곳에, 준비하면 나도

기회를 잡을 수 있겠다는 생각조차 영광이었다. 들어가면 얼마나 좋을까. 어느새 설레는 가슴은 내게 '한번 도전해보면 어떻겠냐'고 속삭이고 있었다.

합격한 나를 보고 부러워하는 사람들의 모습이 떠올랐다. 만약 내가 청와대에 들어간다면 학교에서 플래카드도 걸어주지 않을까 하는 생각도 들었다. 목을 길게 뺀 채, 나의 성공담을 들으며 동경하는 후배들의 모습도 떠올려보았다.

경찰이셨던 아버지께도 영광일 것이다. 아들이 청와대에 합격했다는 사실을 자랑하며 아버지 코가 높아지는 모습도 상상했다. 아마 실컷 자랑하고도 남을 만할 일일 것이다. 명예와 영광이 수반되는 기쁨은 상상 그 자체로도 즐거움이 느껴졌다.

이렇게 거침없이 터져 나오는 희망적인 상상에, 나는 한층 기대에 부풀었다. 그리고 곧바로 이렇게 결심하기에 이르렀다.

'그래, 내가 가야 할 방향은 이곳이다.'

순간, 방향을 정했다는 생각에 더없이 기분이 좋았다.

당시는 정말 희망에 부풀어 있었다. 주변 사람들의 부러워하는 시선, 성공담을 듣는 후배들의 모습, 학교에 휘날릴 플래카드, 집안의 영광 등. 떠올리기만 해도 가슴이 벅찼다. 무엇보다도 그 순간 가슴이 뛰었기에 나는 이것이 분명 '나의 방향'이라고 믿기도 했다. 그러나 이는 그리 오래가지 않았다.

희망에 부풀어 있던 나는 이리저리 조사를 통해 준비해야 할 시험에 대해 알아보았다. '일반상식'이라고 불리는 시험으로, 국정원

| 취업, 이겨놓고 싸워라 |

과 비슷한 전형이었다. 가벼워 보이는 어감과는 달리 할 게 무척 많았다. 그래도 성공한 나를 상상하며 마음을 가다듬고 관련 서적을 구입해 공부를 시작했다.

문제는 여기서부터 시작됐다. 몇 주가 지나도 진도가 잘 나가지 않고 계속 앞쪽 몇 단원에서 맴돌기만 했다. 설렜던 기분과는 다르게 공부가 잘 안 됐다. 머리가 안 따라주는 건가 생각하며 자책도 했다. 잘만 준비하면 들어갈 수 있을 것 같은데. 이성은 '어서 한 페이지라도 더 넘기며 공부하라'는 신호를 무수히 보냈지만, 마음이 허락지 않았다. 분명 당시는 가슴이 뛰었는데, 이상했다.

계속되는 마음과의 싸움에 시간을 허비했다. 시험 준비는 여전히 더뎠다. 점점 조급함을 느끼며 짜증이 치솟았다. 이 길을 이전에 생각한 적이 없었기에 그런 것인가도 싶었고, 시험 체질이 아닌가도 생각했다. 그렇게 계속되는 마음과의 혈투에 지쳐 있을 즈음, 문득 내면 깊숙한 곳에서 이런 생각이 튀어나왔다.

'원하는 것을 하라!'

순간, 등에서부터 손가락 마디까지 전기가 흐르듯 소름이 끼쳤다. 진정한 내 마음의 소리를 들어서 그랬나 보다. 화려해 보이는 것들에 눈이 멀어, 진짜 마음을 저 멀리 밀어놓았다. 커다란 명예와 영광 그리고 부러움을 얻는 것은 물론 좋았지만, 진정한 욕망은 원하는 것을 찾아 그것을 해내라는 것이었다.

청와대에 입사하는 목표를 접는다는 것은 아쉬웠지만, 원하는 것을 해야 한다고 생각했다. 도전해보라고 용기를 북돋아 준 선배에게는 미안했지만, 조심스레 거절했다. 공부를 위해 샀던 수많은 책도 추억이라 치고 책장 깊숙한 곳에 놓아두었다.

그 후 진짜 욕망에 답하기 위해 미친 사람처럼 '하고 싶은 일 찾기'에 매진했다. 겉으로만 만족스러워 보이는 것이 아닌, 진짜 내가 원하는 일 말이다.

하고 싶은 일을 찾으라는 진짜 욕망은 비단 나만의 것이 아니다. 이는 당신에게도 해당한다. 단지 그 욕망이 당신 안에 얼마나 깊이 잠들어 있는지 정도의 차이만 있다.

사람이 어떤 것에 대해 '해야 한다'고 생각하면서도 행동으로 잘 옮기지 못하는 데에는 생물학적인 원인이 있다. 뇌의 안쪽에는 행동을 지배하는 영역이 있다. 이 부분이 자극되어야 행동으로 완벽하게 옮길 수 있다. 그러려면 어떤 것을 원하는 정도가 일정 수준을 넘어야 한다. 바로 그렇기에 자신이 하고 싶은 것을 찾아야 하는 것이다. 행동으로 옮기기 위해서 말이다. 그렇게 찾고 나면 강제적인 노력 없이도, 자연스레 행동으로 이어진다.

이제 당신은 왜 원하는 것을 해야 하는지 알게 됐을 것이다. 그것만으로도 지금보다 더 빨리 취업에 성공할 것이다. 만약 당신이 현재 원치 않는 곳에 취업한 상태라면 정말 위험하다. 분명 나오려고 안간힘을 쓰다 현실의 두려움에 밀려, 이러지도 저러지도 못하는 자신을 발견할 테니 말이다.

하고 싶은 일을 찾기 위해 당신 안에 잠든 욕망을 깨워야 한다. 마음은 '아니요'라고 말하는데 일전의 나처럼 '네'라고 답하지 마라. 거짓으로 당신의 욕망을 가장하면 진짜 욕망을 깨우기가 어려워진다. 특히 영광, 명예 같은 겉모습에 먼저 현혹되지 말아야 한다. 이들만으로는 강한 의지를 불러일으키기 힘들다.

하고 싶은 것을 하라는 진짜 욕망을 정면에서 바라볼 수 있도록 용기를 내야 한다. 그러면 삶이 새로운 비전으로 당신의 용기를 보상해줄 것이다. 다시 말하지만 이는 더 빠르게 자신이 원하는 회사에 취업하는 추월차선이다. 그러니 어서, 하고 싶은 일이라는 진짜 욕망과 마주 보자.

세 가지 환경만
바뀌면
비로소 보인다

처음 만난 동료들과 함께 해외 지사 사람들을 만나 프로젝트를 할 때였다. 한마디를 하더라도 조심스레 해야 할 정도로 중요한 전화 회의가 끝나고 동료 한 명이 내게 말을 걸었다.

"외국에서 학교 나오셨나 봐요?"

"아니요, 한국에서 나왔습니다만⋯."

"아, 그래요? 영어가 유창해서 어디 나갔다 온 줄 알았어요."

"아⋯. 칭찬 감사드립니다."

나는 한국에서 영어를 익혔다. 대학교 1학년 땐 한마디도 못 했지만, 지금은 사람들에게 종종 저런 질문을 받는다. 영어 철부지에

| 취업, 이겨놓고 싸워라 |

서 이렇게까지 할 수 있게 된 비법은 하나였다. 몇 가지 원칙을 정하고 꾸준히 연습하는 '습관'을 들이는 것이었다. 습관은 배신하지 않는다고 말했던 공병호 박사의 말처럼, 습관은 내가 무언가를 성취하는 데 빠지지 않는 존재였다. 어떤 것이든 성취하는 데 큰 도움을 준다. 취업도 예외가 아니다. 고군분투하며 습관 들이기에 매진했던 내 취업 준비 시절을 보면 금방 알 수 있다.

하고 싶은 일을 찾자는 목표에 나는 점점 몰입하고 있었다. 그런데 깊은 단계로 들어갈 때마다 늘 막아서는 걸림돌이 있었다. '전자공학과'라는 내 전공이었다. 전공이라는 울타리 안에서만 생각하니 생각의 폭을 넓혀가는 데 제한이 있었다. 엔지니어, 개발자 등의 직무부터 전자 관련 회사까지, 생각의 한계가 느껴졌다. 그러다 이런 생각을 했다.

'내 전공이라는 범주만 놓고 생각하는 것이 옳은가? 대학 들어오기 전에 별생각 없이 선택한 것 아닌가? 정말로 전공대로 가야 취업이 잘 되는 것일까?'

이런 생각은 다음과 같은 의문을 불러일으켰다.

'전공이란 틀에서 우선 벗어나서,
하고 싶은 일부터 찾으면 안 되나?'

그래서 한번 전공을 잊고 생각해보기 시작했다. 별 기대 없이 시도했던 이 방식은 실로 놀라웠다. 전공에 구애받지 않고 생각하니 시야가 대폭 넓어진 것이다. 상상조차 못 하던 넓은 직업 세계가 눈앞에 펼쳐졌다. '세상은 넓고 할 일은 많다'가 어떤 의미인지를 몸소 체험했다.

전공에 얽매여 생각하는 것, 전형적인 고정관념이다. 여기서 벗어나면 많은 것이 보인다. 당신 역시 취업에서 성공 확률을 높이지 못하는 이유는, 어느 정도 이런 고정관념 때문일 것이다. 그것은 마치 하고 싶은 것이 잠들어 있을지도 모르는 영역을 자발적으로 지워버리는 것과 같다. 이 울타리를 벗어나야 한다.

누구나 알고는 있으나, 실천에 옮기기를 꺼리는 것이 전공 울타리 벗어나기다. 어떻게 봐도 전공에 맞춰 취업하는 것이 논리적으로 합당하기 때문이다. 그러나 고정관념을 깨면 방대한 직업 정보의 세계가 당신을 맞이할 것이다.

그렇게 고정관념을 깬 나는, 방대한 정보를 접하며 하고 싶은 일을 찾아다녔다. 놀이동산에 처음 온 어린아이처럼 넓은 직업의 세계를 알게 되니 마냥 신기하고 설렜다. 그런데 왜 하고 싶은 일에 대한 실마리는, 도서관에서보다 의외의 장소에서 더 잘 떠오르는 걸까. 친구와 밥을 먹거나 술을 한잔 할 때, 어딘가로 여행을 떠날 때, 심지어 화장실에서 일을 볼 때까지 다양했다. 그러나 그때마다 '아차' 하며 생각만 하고 메모해두질 않았기에 나중에 떠올려보려 해도 깜깜하기 일쑤였다.

그래서 방법을 강구했다. 바로 '이거다!' 싶은 단서가 보이면 그 즉시 메모하는 습관을 들이는 것이었다. 하지만 메모광도 아니었고 꼼꼼히 적는 것도 나와는 맞지 않아 초반에는 어려움을 겪었다. 무엇보다 귀찮았다. '이런다고 정말 찾을 수 있겠어?' 같은 핑곗거리가 스멀스멀 올라와 '하지 말라'고 속삭이기도 했다. 하지만 한번 시작한 건 어떻게든 끝을 봐야 한다는 막무가내 정신으로 인내했다.

그 후 몇 주 정도 꾸준히 메모가 쌓여갔고, 인내는 수많은 단서라는 결과들로 보답했다. 그렇게 찾아낸 단서 중의 하나가 '컨설팅'이라는 영역으로 날 인도해줬다.

사람은 접하는 것 중 상당수를 잊어버린다. 의미 있는 단서들은 무수히 떠올리지만, 결국엔 잠시 스쳐 지나가는 것들이 되어버린다. 그러나 이들을 잘 기록해두면 이후 소중한 가치로 탈바꿈한다. 당신이 원하는 길을 찾을 때 인도하는 안내자 역할을 한다. 많은 단서가 기록이란 형태로 남겨지니 힘들게 머릿속에 담아둘 필요도 없다.

여기저기 떠오르는 단서를 기록해놓으며 계속 새로운 정보를 접하니 하고 싶은 일을 찾는 데 한 걸음 한 걸음 가까워진다는 느낌이 들어 즐거웠다. 마치 서점에서 남들이 모르는 귀중한 책을 여러 권 발견해서 사 들고 나설 때의 기분이라고나 할까.

그런데 이런 단서가 계속 쌓이다 보니 조금씩 힘겨웠다. 정보는 많고 좋은 단서도 있는데, 더 구체화되지가 않았다. 그저 계속 메모로만 품고 있으니 당연한 결과였나. 산더미처럼 쌓여가는 단서가 좋았지만 '이걸 다 언제 찾아보나' 싶어 은근히 짜증도 났다.

그래서 그 이후로, 발견한 단서는 그날그날 찾아보기로 했다. 하루에 10분만 조사하기로 규칙도 세웠다. 더도 말고 10분만. 매일매일 한다는 게 만만치 않았지만 이 또한 습관을 들이니 할 만했다.

이렇게 시작한 '하루 10분 조사'는 점차 구체화된 생각을 가져다주었다. 좋아 보였던 단서도 조사를 해보니 실제는 딴판인 것도 많았다. 오히려 별로라고 생각했던 단서가 더 좋아지는 경우도 있었다. 그러면서 나는 하고 싶은 영역을 정리해나갔다.

아무리 메모해서 기록했더라도 실질적인 조사가 없이는 하고 싶은 일을 찾기 어렵다. 그래서 메모한 기록들은 반드시 조사해보아야 한다. 하루에 일정한 시간을 정해서 찾아보자. 10분 정도만 정해서 매일 조사하자. 그러면 하고 싶은 일에 대한 사고의 폭을 넓혀갈 수 있다.

이렇게 환경을 바꾸고 당신의 습관이 자리를 잡으면 '하고 싶은 일'을 찾기 위한 여정의 기초를 마련할 수 있다. 이와 관련해서는 다음의 딱 세 가지만 기억하자. 중요한 것은 이를 습관으로 만들어야 한다는 것이다.

- 첫째, 전공이란 고정관념에서 벗어나 하고 싶은 일을 찾아보기. 당신도 몰랐던 방대한 정보와 마주하게 될 것이다.

| 취업, 이겨놓고 싸워라 |

- 둘째. '이거다!' 싶으면 메모하는 습관 길들이기. 하고 싶은 일을 찾을 때 당신을 안내하는 길잡이가 될 것이다.
- 셋째, 메모한 내용은 반드시 조사하기. 중요한 것은 매일매일 해야 한다는 점이다.

지금 즉시 행동으로 옮겨보는 것은 어떤가? 습관으로 만들어 몸에 배게 하려면 어느 정도 시간이 필요하니 말이다. 그 일에 성공하면 당신은 광활한 정보를 마주하며 상쾌함을 느낄 것이고, 예술가가 영감을 얻듯 하고 싶은 일에 대한 아이디어가 속속 떠오를 것이다. 이제부터 기록하고 찾아보자. 생각의 가지가 무한히 뻗어 나가는 느낌을 경험할 수 있을 것이다. 그 과정에서 당신은 하고 싶은 일을 찾는 '눈'을 가지게 될 것이다.

드림키워드로
영감을 얻어라

한 통의 메일을 받았다. 얼마 전 특강에서 취업에 대한 나의 관점에 깊은 인상을 받았다면서 하고 싶은 일 찾기를 도와달라는 내용이었다. 나는 그녀와 약속을 정해 만났다. 이것저것 물어볼 것은 많았지만, 우선 다음과 같은 질문을 던졌다.

"본인이 하고 싶은 일은 뭔가요?"

"저는요….."

상담을 해보니 그녀는 하고 싶은 일에 대한 단서는 어느 정도 가지고 있었다. 그러나 그녀가 찾아본 일 중에서 선뜻 결정을 내리지 못하는 상태였다. 나는 그녀에게 자신의 성향에 대해 아직 잘 모르는 상태라고 조언했다. 그리고 그녀에게 '드림키워드'를 활용하는

| 취업, 이겨놓고 싸워라 |

방법을 가르쳐줬다. 단순해 보이지만 쉽지 않은 것이 자신에 대해 알아가는 과정이다. 한때 나도 나에 대해 몰라서 숱한 고생을 했다.

　하고 싶은 일에 대해 어느 정도 구체적인 관점이 생긴 나는, 생각을 정리하고 있었다. 새로운 정보는 계속 모였지만, 이쯤에서 하고 싶은 일을 선택해야 하는 시기라 판단했다. 지금까지 조사해서 찾은, 하고 싶은 일 후보에서 골라보기로 했다.
　'음, 이것도 괜찮은 것 같고 저것도 좋은 것 같은데…. 도대체 뭘 정해야 할지 고민되네.'
　조급해서 그런가, 선뜻 고를 수가 없었다. 어떤 일이 내게 맞을지 감이 잘 잡히지 않았다. 혼자 고민하는 것보다 누군가에게 물어보는 게 좋을 것 같다는 생각에 주변 친구들에게 의견을 구해보기로 했다. 마침 같이 학과 수업을 듣는 친한 친구가 있어 그와 커피 한잔을 하다가 툭 던져봤다.
　"내가 요즘 하고 싶은 일을 찾다가 몇 가지 후보를 추렸는데, 한번 들어볼래?"
　"그래? 얘기해봐."
　"나 말이지, 뭔가 글로벌한 업무 같은 걸 하면 어떨까? 예를 들어 전기회사 같은 데서 해외영업을 한다든지 말이야."
　그러자 친구는 시큰둥한 말투로 답했다.
　"뭐, 네가 하고 싶다면 괜찮기는 한데…. 유학파들과 경쟁하리라는 건 알지? 외국에도 안 나갔다 왔는데, 그런 쟁쟁한 이들과 겨룰 수 있겠어?"

뭔가 무시당한다는 느낌에 언짢았지만, 나는 이렇게 답했다.

"왜? 그래도 영어는 문제없이 할 수 있는데?"

"그래? 그럼 그렇다 치고, 영업은 엄청나게 말 잘해야 한다. 너 나한테 지금 당장 어떤 물건이든 팔 수 있어? 그것도 영어로?"

순간 욱하는 감정이 들며, 그가 얄밉게 느껴졌다. 어떻게 취업도 안 한 내가 지금 당장 팔 수 있겠냐고 반문하고 싶었지만, 물어본 내가 잘못이었다. 나조차 정리되지 않은 채 친구에게 막 던진 결과 아닌가. 그래도 뭔가 방향을 알려줄 수 있을지도 모른다는 기대를 했던 탓에 마음이 쓰라렸다.

'넌 얼마나 잘한다고 그러냐? 그냥 물어본 건데!'

이런 말이 목구멍까지 나오려 했지만 꾹꾹 눌러 담았다.

하고 싶은 일을 찾는 과정은 순탄치 않았다. 환경을 바꾸고 새로운 정보에 눈뜨며 사고의 폭을 넓혀가기는 했지만, 선뜻 고르기 어려웠다. 특히 친구에게 직선적인 답변을 들었을 때는 섭섭하기 그지없었다.

여기서 당신이 기억해야 할 한 가지가 있다. 하고 싶은 일은 그냥 당신이 정하라는 것이다. 주변 지인에게 물어봐 봤자 별로 소용이 없다. 남들의 잣대로 자신을 재지 말라. 그러기 위해서는 먼저 자신의 성향에 대해 알아야 한다.

| 취업, 이겨놓고 싸워라 |

원하는 방향을 곧 찾을 수 있을 거라는 희망과는 달리, 이렇다 할 진척이 없자 조급해지기 시작했다. 한번 시작하면 빠르게 끝내려는 내 성격이 오히려 더디게 만드는 것 같기도 했다. 몇 주가 지나도 정확한 무언가를 찾지 못했다.

그러다 얼마 전 친구가 했던 말이 다시 떠올랐다. 나름대로 자신을 담대한 성격이라고 생각했는데, 그렇지도 않았던가 보다. 친구의 무시하는 투의 말이 머리에서 맴돌았다. 하고 싶은 일을 남에게 물어본 내가 바보였다. '이게 좋은 것 같은데?'라는 친구의 대답을 내심 기대했기에, 실망감이 더 컸다. '나보다 나 자신에 대해 얼마나 더 잘 안다고….'

그 순간, 하나의 질문이 내 머릿속을 흔들었다.

'나는 나에 대해 정말 알고 있는가?'

그리고 다음과 같은 세 가지 질문이 연속으로 떠올랐다.

'내가 할 줄 아는 건 뭐지?'
'내가 잘하는 게 뭐가 있을까?'
'내가 좋아하는 건 뭘까?'

충격적인 건 어떤 것에도 선뜻 답을 할 수가 없다는 것이었다. 어쩜, 나조차 나에 대해 잘 알지 못하면서 친구에게 내 성향을 맞춰

보라는 식으로 물어봤을까. 두 볼이 달아올랐다. 물어본 내가 부끄러웠다.

이를 계기로 모아놓은 정보는 잠시 놔두고 내 성향에 대한 탐구를 시작했다. 도대체 나는 어떤 사람인가 고민했다. 며칠 동안 세 개의 질문에 대해 답을 찾아보았다. 그리고 문득 깨달았다. 나는 '아무것도 없는 상태에서 새로운 무언가를 만들고 개선하는 것을 좋아한다는 것'을 말이다. 이 사건을 통해 나는, 내가 모은 정보를 판단할 수 있는 기준이 되는 나만의 정체성을 찾을 수 있었다.

하고 싶은 것을 찾을 때, 정보를 모으고 조사하는 것은 좋다. 구체적일수록 나중에 하고 싶은 일을 판단하는 데 많은 참고가 된다. 하지만 그렇게 정보를 모았어도 실제 고르는 순간이 오면 어떤 명확한 기준이 있어야 한다. 그래야 올바른 선택을 할 수 있다.
다음과 같은 방법을 따라 자신의 정체성을 찾아보자.

- 첫째, '당신은 무엇을 할 줄 아는가? 당신은 무엇을 잘하는가? 당신은 무엇을 좋아하는가?'라는 질문을 놓고 각각에 대해 떠오르는 생각들을 적어보자.
- 둘째, 각 질문에서 적은 키워드를 나열해놓고 '첫 직업으로 하고 싶은가?'를 질문하면서 항목별로 '예, 아니요'를 적어보자.
- 셋째, 그중 '예'로 답한 항목들만 모아서 정리해보자. 그 정리된 키워드들이 당신의 성향을 보여준다.

| 취업, 이겨놓고 싸워라 |

드림키워드로 영감을 얻자. 주변 사람들에게 영감을 얻으려 하지 말자. 자신의 잣대는 자신이 정할 수밖에 없다. 하고 싶은 일과 관련해 수집한 다양한 정보를 바탕으로 당신의 정체성을 구체적인 단어로 정리해보자.

　'무엇을 할 수 있고, 잘하고, 좋아하는가?'라는 질문별로 생각을 정리해서 자신을 나타내는 키워드를 찾자. 그다음 키워드별로 당신의 첫 직업과 어울리는지를 물어 '예'라고 답한 항목만 끄집어내자. 그러면 자신의 정체성을 찾을 수 있다.

간절히
이루고 싶은
꿈부터 찾아라

취업 포털 '사람인'의 설문조사에 따르면 취업 준비생 891명 중 '다닐 마음이 없는 회사에 지원한 경험이 있다'는 응답이 59.5퍼센트에 달한다고 한다. 많은 이들이 꿈꾸는 회사에 지원한다는 건 정말 꿈같은 이야기라고 생각한다. 꿈을 논하는 것이 바보처럼 여겨지는 세상이다.

하지만 나는 취업 준비생들에게 이런 때일수록 꿈을 찾아야 한다고 조언한다. 꿈을 찾으면 취업에 성공하기가 쉽다. 하고 싶은 일을 찾아 방향을 잡고 준비할 수 있으므로 취업할 확률이 높아진다.

한때 나도 꿈을 가진다는 건 꿈같은 이야기로 여겼다. 꿈에 대해 중요성을 두지도 않았다. 애초에 꿈은 취업과 거리가 멀다고 생각

| 취업, 이겨놓고 싸워라 |

했다. 하고 싶은 일을 찾는 도중에도 꿈을 찾아야 한다는 것을 염두에 두지 않았다. 내 친한 지인과의 우연한 기회가 있기 전까지는.

방대한 정보도 모았고 나의 정체성도 파악했다. 선택의 순간만이 남았다. 카페 구석 자리에 앉아 내가 모은 정보를 나열해보았다. 그리고 하나하나 내 성향과 비교해나갔다. 그런데 너무 많은 정보를 찾아놓아서 그런지, 하나하나 비교하는 데 시간이 걸렸다. 곧 취업이 다가오는데 일일이 비교하고 있으려니 답답하기도 했다.

하루는 혼자 사색에 잠긴 채 학교를 걷고 있었다. 갑자기 어디선가 "형!" 하고 부르는 소리가 들렸다. 친한 동생이었다. 같은 동아리에 자취까지 함께 하다 보니 어려운 게 있으면 서로 돕는 각별한 사이였다. 그런데 그가 갑자기 맥주 한잔 하자고 말했다.

'만나자마자 뜬금없이 맥주라니…, 뭐지?' 싶었다. 아직 해도 안 떨어진 늦은 오후인데. 뭐, 또 어떤가 생각하며 그러자고 했다. 편의점에서 캔맥주와 오징어포를 사서 운동장 근처 계단에 앉았다. 시원하게 한 캔을 들이키니, 무거운 고민거리들이 잠시 날아가는 듯했다. 기분이 좀 풀린 김에 고민도 털어놨다.

"하고 싶은 일을 찾는 데 이렇게 시간 쓰는 게 맞겠지? 쓸데없는 짓을 하고 있는 건 아닐까 걱정이다."

그러자 그는 의아하다는 표정으로 이렇게 말했다.

"왜요, 이때까지 형이 믿는 대로 됐잖아요. 이번에도 잘 될 거예요. 저도 형이 하고 있는 게 옳다고 믿어요. 그러니까 힘내요!"

그저 스트레스받지 말라는 단순한 응원일 수도 있었다. 그래도 나를 믿고 응원한다는 그의 기대를 저버리고 싶지 않았다. 답답함을 느끼며 잠시 주춤했던 의지에 다시 시동을 걸었다.

이처럼 나는 방대한 자료를 모으고 정체성까지 파악했음에도, 하고 싶은 일을 찾는 데 어려움을 겪었다. 게다가 하나하나 비교하면서 찾자니 시간이 많이 걸릴 것 같았다. 더 빠르게 찾을 수 있는 무언가가 필요했다. 그만두고 싶다는 생각이 들기도 했지만, 친한 동생의 격려가 주춤했던 내 의지를 다시 일으켜 세워주었다. 그렇게 하고 싶은 일 찾기의 톱니바퀴는 다시 돌아가기 시작했다.

그의 격려에 기분이 좋아졌다. 맥주 한 캔 마시고 다시 힘내자고 다짐했다.

당시 그 동생은 '생산관리'라는 경영학 과목에 심취해 있었다. 그날 배운 건 일본 토요타의 품질혁신 사례라고 했다. 그는 그날 배운 것을 내게 이야기했다.

"문제를 발견하는 것이 어렵지, 문제만 발견하면 그다음은 간단하다. 토요타 전 부사장이었던 오노가 한 말을 읽고 감동했어요. '왜'를 다섯 번만 외치면 어떤 문제라도 원인을 발견할 수 있다고 하더라고요. 참 기본에 충실한 품질 혁신 방법인 듯해요."

"'왜'를 다섯 번…?"

"네, 그럼 문제가 해결된대요. 멋있죠?"

| 취업, 이겨놓고 싸워라 |

그의 말을 듣던 중 문득 이런 생각이 들었다.

'내 삶의 최종 목표인 꿈을 찾고, '왜'라고 물어보면 지금 당장 해야 할 일을 찾을 수 있지 않을까?'

들고 있던 맥주 캔을 내려놓고 다급히 운동장으로 내려갔다. 그리고 나뭇가지 하나를 주워 떠오른 생각을 바닥에 써보기 시작했다.

'내 삶의 최종 목표인 꿈을 찾고,
그 꿈을 이루려면 그전에 무엇을 해야 할지 거꾸로 찾아보기.
당장 해야 할 일이 보일 때까지.'

그렇게 나의 최종 꿈을 떠올리고 거기서부터 '왜'라고 물으며 찾아보니 '사업가'라는 중간 꿈을 찾을 수 있었다. 그다음에는 이런 질문을 던졌다.

'중간 꿈을 이루기 위해서 먼저 해야 할 일은 무엇일까?'

곧 다음과 같은 생각에 이르렀다.

'짧은 기간 내에 적극적으로
지식과 네트워크를 쌓을 수 있는 일을 하자.'

여기에다 내가 찾은 정체성과 지금까지 모았던 정보를 접목했다. 그러자 순식간에 이런 답이 나왔다.

'짧은 기간 내에 적극적으로 지식과 네트워크를 쌓을 수 있는 일.
새로운 무언가를 만들고 개선하는 일!'

순간 한 줄기 빛이 비치는 것 같았다. 하고 싶은 일을 찾은 것이
다. 앓던 이가 빠진 것처럼 상쾌함을 느꼈다.

이런 과정을 거쳐 나는 결국 '하고 싶은 일'을 찾을 수 있었다. 고
군분투하면서 뽑아낸 몇 줄 안 되는 하고 싶은 일에 대한 문장이,
내가 가야 할 취업 방향을 알려주는 나침반 역할을 톡톡히 했다.
나는 이를 '꿈의 지도'라고 불렀다.

당신도 꿈의 지도를 그리고, 하고 싶은 일 조사를 통해 모은 정보
와 자신의 정체성을 접목하면 하고 싶은 일을 찾을 수 있다. 다음
과 같은 방법을 실천해보자.

- 첫째, 최종적으로 되고 싶은 모습을 적는다. 그리고 그 모습을
  충족할 수 있는 직업을 적는다.
- 둘째, 그렇게 적은 직업을 가질 수 있으려면 어떤 모습이 되
  어야 할지 다시 한 번 적어본다. 마찬가지로 그 모습을 충족
  할 수 있는 직업을 적어본다.
- 셋째, 지금 당장 해야 할 모습이 보일 때까지 반복해서 적어

본다.

당시 토요타의 말에 심취했던 동생은 지금 대기업 생산관리 부문에 입사해 값진 경험을 쌓고 있다. 그리고 나의 최종 꿈은 사람들이 자신의 경력을 활용해서 평생 먹고살 수 있도록 도와주는 학교를 만드는 것이다. 자신의 천직을 찾고 능력을 계발해 은퇴 없는 인생을 살게 하고 싶은 것이 내 바람이다.

당신이 가야 할 길은 어디인가? 무엇을 위해 인생을 바칠 수 있는가? 성공적인 취업을 이뤄내려면 당신만의 답이 있어야 할 것이다. 그럴 때 취업은 그저 계단 하나를 오르는 것에 불과하다. 이렇게 꿈을 기반으로 찾아낸 '하고 싶은 일'은 당신에게 강력한 동기를 선사할 것이다. 당신을 삶의 쾌락주의자로 만들 것이다. 간절히 이루고 싶은 꿈부터 찾아서 인생의 '빅 픽처'를 설계하고 취업 가능성을 높여보자.

경험 계획표로
열정을 검증하라

　오랜만에 친구와 만나 밥을 먹기로 했다. 먹을 곳이 마땅히 떠오르지 않아 인터넷에서 맛집을 검색했다. 괜찮아 보이는 음식점을 발견했고 그리로 발걸음을 옮겼다. 그런데 사진과는 달리 너무 맛이 없었다. 검증도 안 된 곳을 가자고 한 나를 질책하며, 친구에게 미안하다 했다. 그러면서 중요한 사실 하나를 깨달았다. 아무리 맛있어 보여도 실제 그런지 아닌지는 '검증해봐야' 알 수 있다는 것이다.

　순간 과거의 기억이 스쳐 갔다. 분명 내가 취업할 때에도 이런 비슷한 상황을 겪었다. 관점은 다르지만 비슷한 경험을 했는데 까먹고 있었다. '사람은 역시 망각의 동물인가' 하고 생각하며 피식 웃었다. 내 취업 도전기에도 검증이 필요한 시점이 있었다.

　하고 싶은 일을 찾은 내겐 마지막으로 검증해보는 시간이 필요했다. 무엇하러 이렇게까지 하느냐는 지인의 우려도 있었지만, 확실한 길이 아닌 곳은 걷고 싶지 않았다.

　나는 예전에 길을 잘못 들어섰던 경험이 있다. 그저 내 길이라고 생각하며 별생각 없이 그 길을 걸었다. 그러다 결국 포기했다.

　"이젠 그만할래요. 제가 이 길을 잘못 생각한 것 같습니다. 죄송합니다."

　"뭐라고…?"

　"그동안 감사했습니다. 안녕히 계세요…."

　"어디, 네 맘대로 해봐!"

　내게 호통치는 그의 얼굴은 벌겋게 달아올랐다. 그는 연예기획사 실장이었다. 고심하고 계약했는데 갑자기 그만둔다는 나의 통보에 화를 낸 것이다. 고등학생 때 나는 댄스가수 지망생이었다. 그러나 데뷔의 어려움이라는 풍파에 버티지 못하고 포기를 결심했다.

　중학교 1학년 때부터 준비했지만, 결국 이 꿈은 깊고 깊은 나락으로 떨어졌다. 그리고 2002년 초겨울의 그날, 그만두겠다는 갑작스러운 통보를 하고 사무실에서 뛰쳐나왔다. 터벅터벅 길을 걷는데 그날따라 유난히 어깨가 축 처지기만 했다.

　그런 시절이 있었기에 취업에서만큼은 '이 길이 아니었구나!'라고 결론 내고 싶지 않았다. 그래서 하고 싶은 일을 찾았음에도, 정말 맞는지 확신하고 싶었다. 그래서 나만의 길을 검증하기 위해 방법을 찾다가 여러 대외활동을 경험해보자고 결심했다.

나는 꿈을 한 번 포기했던 사람이다. 그렇기에 더는 길을 잘못 들었다고 나 자신에게 변명하고 싶지 않았다. 그래서 재학 중 병행할 수 있는 대외활동을 결심한 것이다.

당신이 꼭 나 같은 상황이 아니라도 이런 검증작업은 필요하다. 자신이 정한 방향에 대한 확신을 가져야 더 힘차게 전진할 수 있기 때문이다. 맛집에서 그저 음식 사진을 보는 것과 실제 먹어보는 것과는 큰 차이가 있듯이. 더불어 여기에는 검증이라는 목적을 이루는 것 외에도 부차적인 장점들이 숨어 있다.

그렇게 나는 가능한 대외활동을 찾아보기 시작했다. 당시 나는 복수전공에 교환학생 관리 동아리의 회장을 역임하며 나름대로 바쁘게 생활하고 있었다. 그러면서도 대외활동을 찾아다니니, 주변에서는 '다 소화할 수 있겠어?' 하며 우려의 시선을 보냈다.

물론 주변의 우려가 틀리지는 않는다고 생각했다. 시간만 넘쳐난다면 하나하나 해나갔을 것이다. 내가 봐도 대외활동까지 하려는 시도는 벅차 보였다. 정신없이 여러 개에 걸쳐놓는 문어발 전법을 시전하다가 무너지면 답이 없기 때문이다.

대외활동을 경험해야겠는데 상황이 여의치 않아 고민이 들었다. 동아리 회장을 그만둘 수도 없었다. 학교 내 국제협력기관까지 연

| 취업, 이겨놓고 싸워라 |

계해서 활동했기에 그냥 놓아버리는 건 불가능했다. 그렇지만 내가 찾은 하고 싶은 일이 '분명하다'고 함부로 확신하고 싶지도 않았다. 예전 그날처럼 결국 포기하게 될지도 모른다는 불안감을 느꼈기 때문이다. 시곗바늘은 무심하게도 잘만 돌아갔고 나는 갈수록 초조함을 느꼈다.

그러나 이런 악화된 상황은 오히려 내가 풀어야 할 과제를 명확하게 해주었다. 시간은 없지만 검증은 해야겠다는 명확한 상황. 그러면 방법은 딱 하나밖에 없다. 단기간에 다양한 경험을 통해 검증하는 것이다. 물론 과부하로 무너질 수도 있다는 위험도 도사린다. 그렇기에 오히려 더 치밀하게 계획했다. 내가 하루에 움직이는 경로까지 고려하여 효율적으로 행동하는 방안을 세웠다. 그리고 이동 중 버스 안에서 공부를 하거나 과제를 하는 등으로 시간을 소중하게 사용했다.

그렇게 나는 하고 싶은 일과 관련된 여러 대외활동을 깡그리 경험하고 다녔다. 대외활동에서 만난 여러 사람의 서로 다른 의견과 생각 그리고 꿈이 무엇인지도 들으면서 내가 찾은 하고 싶은 일에 대해 검증했다. 몸은 힘들었지만 정신적으로는 행복했다.

몇 달을 보내니 검증은 그 정도면 됐다는 생각이 들었다. 직접 경험하고 활동 중 만난 이들과 이야기도 하면서 점점 이 길이 확실하다는 판단이 섰다. 이번에는 이 길이 옳다는 확신이 뼛속 깊이 느껴졌다.

생각지도 못한 이득도 있었다. 검증하는 과정 중 자연스레 스펙까지 만들 수 있었다. 방향을 검증하는 목적으로 경험을 쌓다 보니 얻은 자연스러운 결과였다. 이렇게 해보기로 한 것이 현명한 결정이었다는 생각이 들었다.

재학 중 대외활동까지 병행하던 그 시절은 상당히 바빴다. 그러나 철저하게 세운 계획 덕분에 흘러가는 한 방울의 시간까지 활용할 수 있었다. 활동 중 여러 사람을 만나며 그들의 생각을 듣는 것도 내 사고의 폭을 넓히는 데 큰 도움이 되었다.

내가 모르는 정보를 상대방이 알려준 적도 많았다. 이후 서류나 면접에서 이런 대외활동 경험은 정말로 도움이 되었다. 그야말로 하고 싶은 일에 대한 열정을 검증하는 이 단계는 금상첨화였다.

당신도 하고 싶은 일을 찾으면 이와 같은 방법으로 검증해보자. 분명히 확신 여부를 판단할 수 있음과 동시에 스펙까지 쌓을 수 있다.

- 첫째. 단기간에 계획을 많이 세워라(재학 중이면 한 학기 내, 아무것도 안 한다면 한 달 내).
- 둘째. 활동하며 다른 사람의 경험과 의견을 수집해라.
- 셋째. 열정이 식지 않는 경험인지 판단하라.

경험 계획표로 열정을 검증하자. 하고 싶은 것을 확실히 알려면 반드시 경험해보아야 한다. 당신이 어떤 식당이 맛집이라고 확신

| 취업, 이겨놓고 싸워라 |

하려면 반드시 맛을 봐야 하는 것처럼, 당신이 찾은 하고 싶은 일에 진정 뜨거운 열정이 담겨 있는지 검증해야 한다. 그렇지 않으면 예전에 내가 포기했던 상황이 당신에게도 닥칠 수 있다.

경험 계획표를 이용하여 당신이 접할 경험들의 계획을 철저하게 세우고 시간을 최대한 효율적으로 사용해 빠르게 검증해보자. 단기간에 많이 활동하고 다른 사람의 경험과 의견을 수집하고 열정이 식지 않는지 알아보자. 이런 과정은 분명 앞으로 당신이 마주할 서류 전형이나 면접에도 도움이 된다.

방향을 정했으면 지금 즉시 당신의 열정을 검증해보자. 취업 확률을 높여줄 뿐만 아니라 인생을 바꿀 수 있는 첫 취업의 방향을 확신할 수 있기 때문에 반드시 필요하다.

취업 여행으로
감을 잡아라

　회사에서 바쁜 프로젝트가 진행되던 와중이었다. 중간 진척 상황을 점검하고 고객사와 친목을 다질 목적으로 워크숍 일정이 생겼다. 그런데 다른 동료를 섭외해서 사전에 답사 좀 다녀오라는 지시를 받았다. 산더미처럼 쌓인 일에 하루가 바쁜데 무슨 답사인가 싶었다. 그냥 대충 가면 될 것을 가지고…. 여행에 왜 답사가 필요한지 몰랐다. 아무튼 그래도 중요한 행사였기에 거절할 수 없었고, 주말에 시간을 내서 답사를 갔다.

　그런데 갔다 오니 느낀 것이 하나 있었다. 답사 장소에 대한 전반적인 감을 잡을 수 있었다는 것이다. 그러다 보니 워크숍을 갔을 때 망설이지 않고 장소를 안내할 수 있었고 지역에 대한 폭넓은 설

| 취업, 이겨놓고 싸워라 |

명까지 고객에게 할 수 있었다. 워크숍은 성공적으로 끝났다.

예전에는 이런 게 필요 없다고 생각했지만, 막상 경험해보니 폭넓은 시야를 가지고 효과적으로 움직이는 데 좋다는 걸 알게 됐다. 필요성조차 느끼지 못했던 내게 신선한 경험이었다. 문득 '취업도 같은 선상에 있었는데' 하는 생각이 들었다. 본격적인 취업을 준비하기 전, 취업 여행을 통해 감을 잡으려 했던 그 시절이 생각났다.

하고 싶은 일도 찾았겠다, 이 길이 맞음을 검증도 했겠다. 이제 본격적인 취업 준비에 들어가기만 하면 되었다. 그러나 지금까지 고생했으니 하루는 좀 쉬어야겠다고 생각했다. 마침 도서관에 있는 한 친구에게 오랜만에 술 한잔 하자고 문자를 보냈다. 그런데 그는 너무 바쁘다며 나올 수 없다고 했다. 왜냐고 물어보니, 갑자기 하고 싶은 일에 대한 영감이 떠올랐다며 다음과 같이 답신했다.

'MD가 내 갈 길인 듯하다. 드디어 내 천직을 찾았다.'

MD란 상품 기획에서 판매까지를 담당하는 전문인을 뜻한다. 남자이면서도 유달리 패션이나 뷰티에 관심이 많은 그는, 문득 홈쇼핑에서 뷰티 제품을 팔고 있는 '쇼 호스트'를 보고 자신의 길을 찾았다고 했다. 저렇게 제품을 연결해주는 MD가 멋있어 보인다며 자신도 그 길로 가고 싶다고 그랬다. 이유야 어찌 됐든, 그가 자신이 갈 길을 찾았다고 확신하는 모습에 축하한다고 말해주었다.

그러던 어느 날이었다. 당시는 공채가 한창인 시기였다. 그 친구는 나보다 일찍 취업 전선에 뛰어들었다. 수업이 끝나고 지나가다 그를 만나 커피 한잔을 했다. 문득 그가 정한 길을 잘 가고 있는지 궁금해져 그에게 물었다.

"MD 지원 잘 하고 있어?"

"이미 서류 다 보냈지."

"와! 대단하다. 어디어디 보냈는데?"

"응? 어디라니, 그때 TV에서 봤던 ○○○홈쇼핑이지. 왜?"

왜? 왜라니! 오히려 내가 묻고 싶은 말이었다. '정말 MD가 되고 싶은 건 맞을까?' 하는 생각도 들었다. 왜 그 회사 하나만이었을까. 홈쇼핑회사에 가고 싶다면 왜 다른 기업에는 서류를 내지 않았는지. 그리고 왜 국내 대기업에만 보냈는지. 내가 그 세계에 대해 잘은 몰랐지만 MD가 여러 종류 있다는 것은 분명히 알았다.

같은 취업 준비생인지라 그에게 내 생각을 주장할 순 없었다. 그를 책임져줄 것도 아닌데 말이다. 오히려 하나만 쓰는 게 집중도를 높여 더 좋을 수도 있을지 모른다. 뭔가 미리 준비를 해놓지 않았을까 하는 생각도 했다.

당신은 이 친구의 상황을 어떻게 생각하는가? 그에게는 치명적인 문제가 있었다. 바로 취업 전반에 대한 감을 잡지 못하고 있다는 것이었다.

우선 그 회사 말고도 여러 회사를 찾아서 지원해야 했다. 외국계나 강소기업 같은 곳도 있는데 그는 찾아보지도 않았다. 또, 같은 MD라도 수많은 종류가 있다. 그의 가장 큰 문제는 그곳에 떨어지

| 취업, 이겨놓고 싸워라 |

면 다른 대안이 없다는 것이었다.

문득 나도 '나중에 그처럼 한 기업에만 지원하지 않을라나?' 하는 생각이 들었다. 어쩌면 제삼자의 입장에서 보지 않았다면 몰랐을 수도 있다. 본인에게는 그 한 군데가 너무나 중요해서 전부를 걸 수도 있으니 말이다. 그가 한 군데만 지원했다는 이야기를 듣고, 나는 빠르게 공채일정을 찾아보았다. 마침, 며칠 후 서류 마감인 MD 직무 공채가 몇 보였다. 이 사실을 간접적으로라도 알려줘야 할 것 같아 그를 만나 다시 물었다.

"그 대기업 ○○○홈쇼핑만 가고 싶나 봐…?"

"음…, 다른 데도 MD 직무가 뜬 곳이 있나?"

역시나, 예상한 바와 같이 그는 한 회사만 찾아본 것이 확실했다.

그래서 나는 그에게, 요즘 내가 취업 준비 중이니 어디에 지원할지 한번 같이 찾아줄 수 있느냐고 물었다. 그는 그날 할 일은 끝났다며 흔쾌히 수락했다.

함께 조사하며 지원할 곳을 찾기 위해 고려할 것들을 세 가지로 정리했다. 업계, 직무 그리고 회사 유형이었다. 이 세 가지를 고려한 다음, 한 업계에 대해서는 거기 속한 회사들까지도 들여다보았다. 그런데 도움을 준다는 명목으로 앉아 있던 그의 이마에 주름이 하나둘 생기기 시작했다. 그렇게 그날 조사를 마치고 우리는 술을 한잔 했다.

그날은 그 친구의 이마에 왜 그리도 주름이 많았는지 알지 못했다. 하지만 며칠 후 그에게 이런 문자가 왔다.

'패션회사 MD도 지원했다. 대기업 말고 외국계 MD도.'
문자를 보고 나는 씨익 웃었다.

취업의 감을 잡는 것은 중요하다. 여행을 갈 때 갈 곳에 대한 모습이 잡혀 있지 않으면 정처 없이 헤맬 수 있는 것처럼, 취업에 대해 전반적인 감이 있어야만 하고 싶은 일을 할 수 있는 회사들에 지원할 수 있다. 내게 취업 코칭을 받는 이들에게 나는 이렇게 조언한다.

"하고 싶은 일을 찾았으면 본격적으로 취업 준비에 들어가기 전에, 감을 잡아야 합니다. 어떤 업계와 어떤 직무가 있고 어떤 유형의 회사가 있는지 알아야 합니다. 이를 모르면 여러분이 하고 싶은 일을 할 수 있는 회사에 지원조차 하지 못하는 불상사가 일어날 수도 있습니다. 열려 있는 가능성을 스스로 닫아버리는 셈이지요."

당신도 취업 여행을 통해 감을 잡기를 권한다. 다음과 같은 방법으로 말이다.

- 첫째, 업계 살펴보기. 한국기업평가의 신용평가 분야(www.rating.co.kr) 접속 후 '리서치' 메뉴에 들어가자. 그런 다음 '평가방법론' 메뉴에 들어가 일반기업 평가방법론 탭을 선택하면 주요 업계 전반에 대한 내용을 살펴볼 수 있다. 전반적인 산업의 개요, 특성, 동향, 전망 등을 파악해보자.
- 둘째, 직무 살펴보기. 커리어넷(www.career.go.kr)에 접속 후,

'직업·학과 정보' 중에서 '직업 정보' 메뉴를 클릭하자. 검색
창에서 궁금한 직무들을 검색해보고, 직업분류 탭에서 분야
별 직무를 살펴보자. 기업별 직무에 대한 상세 설명은 잡코리
아 취업 준비생 페이지(www.jobkorea.co.kr/Starter)의 '기업
정보' 메뉴에서 '조직도 / 직무사전'을 참고한다.

• 셋째, 회사 유형 파악하기. 존재하는 기업의 유형과 해당 기업
들을 확인할 수 있는 인터넷 사이트는 주로 다음과 같다.

– 국내 대기업 (독취사: cafe.naver.com/dokchi)

– 외국계 기업 (피플앤잡: www.peoplenjob.com/career)

– 강소기업 (히든챔피언: cafe.naver.com/smartintern)

– 벤처기업 (브이잡: www.v-job.or.kr)

– 스타트업 (데모데이: www.demoday.co.kr)

– 공기업/공공기관 (잡알리오: job.alio.go.kr)

이 외에도 여러 사이트를 찾아볼 수 있다.

답사를 통해 감을 잡듯이 취업 여행으로 감을 잡아보자. 알지 못
하면 지원조차 할 수 없다. 몰랐던 업계나 직무 그리고 회사 유형
을 알게 되어 다양하고 많은 회사를 놓치지 않고 지원할 수 있다.
그러면 취업 성공의 확률은 높아질 수밖에 없다.

3장

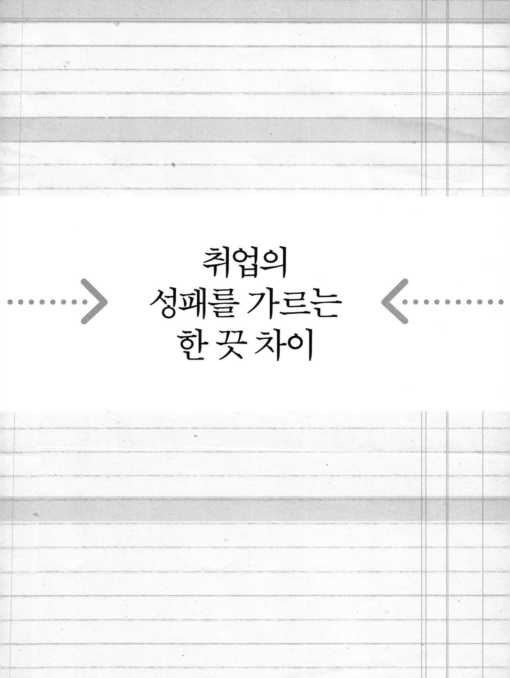

취업의
성패를 가르는
한 끗 차이

질과 양을
동시에 갖춰
승부하라

사람들이 내게 찾아와 가장 많이 상담을 요청하는 것이 있다면, 바로 '질과 양'을 동시에 만족시켜 지원하는 방법에 관한 것이다.

"많이 쓰는데 어떻게 질을 높일 수가 있나요?"

"질 좋은 내용을 담아서 쓰는데 어떻게 많이 쓸 수 있나요?"

질문은 대개 이처럼 두 부류로 나뉜다. 질을 고려하지 않고 그저 많이만 쓰려 하는 사람과 몇 개만 집중적으로 쓰는 사람이다. 대부분이 한쪽에 치우쳐 있다.

한때 나도 이 둘 사이에서 고민이 참 많았던 사람이기에, 그들의 심정을 잘 이해할 수 있다. 두 가지를 만족시킬 방안은 쉽사리 보이지 않는다. 그렇기에 나도 예전에는 '질과 양'을 동시에 만족시킨다는 이야기가 멀게만 느껴졌다.

"저요? 100개 지원했어요."

《멈추지 마 다시 꿈부터 써봐》의 저자인 김수영 작가가 한 방송사의 인터뷰에서 한 말이다. 그녀의 성공 스토리를 담은 방송이었는데, '취업은 어떻게 했느냐'는 질문에 대한 답변이었다.

'와, 역시 김수영은 다르구나. 취업부터 급이 다르네!' 하며 나는 그저 바라보기만 했다. 그녀의 행동 하나하나가 멋지고 부러웠다. 그래서 그녀와 관련된 영상을 여러 번 돌려보곤 했다. 하지만 그녀와 나의 격차는 너무 커서 마치 지구별과 안드로메다 간 거리만큼 멀게만 느껴졌다. 이질감이 커서 그런가, 그녀처럼 할 수 있다는 생각은 얼른 들지 않았다.

그러던 어느 날이었다. 학교 앞 자판기에서 친구와 커피를 마시고 있었는데, 친구의 친한 선배가 학교에 왔다며 그를 보러 왔다. 나하고도 얼굴은 서로 아는 사이였기에 같이 이야기를 나눴다. 나보다 세 살 많은 그 선배는 최근 모 대기업 입사에 성공했다. 거의 3년 동안 취업을 못 하다 결국 합격했다고 한다.

그는 예전에 회계사 시험을 준비했었다. 하지만 연이은 탈락에 포기하고 취업에 도전했다. 그 후 3년이나 탈락의 고배를 마셨다. 아무것도 해놓은 게 없어서 고생이 많았다고 그는 말했다. 그런 그가 어떻게 합격했는지 궁금해졌다. 친구도 마찬가지였는지 먼저 물었다.

"근데 어떻게 합격하신 거예요?"

선배가 답했다.

"음, 말도 안 되는 소리긴 한데…."

친구는 그에게 뜸 들이지 말고 가르쳐달라고 재촉했다. 그러자 그가 이렇게 말했다.

"더도 말고 덜도 말고 딱 100개 썼어."

"네…?!"

친구와 나는 동시에 내뱉었다.

밥도 안 먹고 잠도 안 자며 지원했다고 한다. 그러면서 우리에게 '3년 동안 취업 안 되면 이 정도까지 할 수도 있다'며 추억이라는 말투로 이야기했다. 순간 김수영 작가가 겹쳐 보였다. '저 선배는 그녀처럼 멀게만 느껴지는 사람도 아닌데' 하는 생각이 들었다. 그러자 문득, 왜 나라고 못하겠느냐 싶어졌다. 까짓것 죽은 셈 치고 한번 해보면 되지 않을까 하는 의지도 불타올랐다.

취업을 준비하는 초창기엔 저렇게 많은 지원서를 쓴다는 건 상상조차 하지 못했다. 고작 20개 정도면 많이 쓰는 거 아닌가 했다. 100군데를 지원한다는 말은 TV에서나 보는 드라마 같은 이야기라 생각했다. 그러나 가까운 지인도 그렇게 했다는 얘길 듣고, 나도 해보기로 했다.

그러나 100개를 쓴다는 건 좀처럼 쉬운 일이 아니었다. 취업 포털에 들어가서 100대 기업을 펼쳐보니 정말 까마득했다. 그 선배

| 취업, 이겨놓고 싸워라 |

가 대단해 보였다. 나도 3년 정도 떨어지면 할 수 있으려나. '뱁새가 황새 쫓다가 가랑이 찢어진다'는 속담이 떠올랐다. 친구도 100개를 지원한다는 건 말도 안 되는 거라며 이렇게 말했다.

"그 형은 원래 좀 특이했어. 미치면 진짜 물불을 안 가리거든. 우리는 우리만의 스타일이 있지 않겠어?"

"그치…?"

"그럼!"

우리는 이렇게 위안 삼았다.

100, 참 매력적인 숫자이긴 하지만 내가 감당할 수 없어 보였다. 하지만 나도 미치면 물불 안 가린다는 점에서는 같다. 내심 방법이 없을까 고민했다.

그날도 역시 김수영의 성공담을 담은 영상을 보고 있었다. 그날은 그녀의 버킷리스트에 관한 방송이었다. 방송에서 그녀는 자기의 버킷리스트를 살짝 보여주었다. 수많은 버킷리스트를 유형별로 관리해놓고 있었다. 저렇게까지 관리하다니, 정말 놀라웠다. 그 순간 이런 생각이 떠올랐다.

'나도 만약 유형별로 회사를 지원한다면 어떨까?
지원할 업계를 몇 군데 정해놓고 그 안에서 지원한다면,
100개에 버금가게 쓸 수 있지 않을까…?'

곰곰이 생각해보니 가능할 것 같았다. 수많은 업계가 뒤섞여 있는 100대 기업을 일일이 공부하며 서류를 쓰는 것과 달리, 이 방법은 몇 개의 업계만 공부하면 되니 시간도 절약할 수 있었다. 또한 동종 업계 내 회사를 지원하니 서류에 들어갈 내용도 거기서 거기였다. 적용해보기로 했다. 그러면 100이라는 숫자가 더는 버거운 존재가 아닐 것이다.

이처럼 나는 지원할 업계 몇 개를 정하기로 했다. 그리고 그 업계에 속한 회사들을 찾아냈다. 그리고 이후 취업에 도전할 때 그에 버금가는 서류를 제출할 수 있었다. 동종 업계 내에서 지원하니 작성 내용이 유사해서 쓰는 시간도 길게 걸리지 않았다.

업계가 같다 보니 어떤 회사를 쓸 때 경쟁사분석까지 절로 되었다. 그러다 보니 깊이 있는 내용으로 작성할 수 있었다. 이 방법을 모르고 그냥 '대한민국 ○대 기업'을 무작위로 선별하여 지원한다면, 서류 지원을 할 때마다 그 업계를 공부하고 작성해야 한다. 엄청나게 공부하지 않는 이상 깊이가 얕을 수밖에 없다. 참 안타깝다. 이제 이 방법을 알게 된 당신은 예외가 되겠지만.

질만이 아니라, 양만이 아니라, 질과 양을 모두 갖춰 승부하자. 수많은 서류를 깊이 있는 내용으로 지원하여 합격 확률을 높이자. 업계 몇 개를 정하고 그 업계 내 회사들을 찾아내 당신만의 지원 목록을 만들자. 그러면 수많은 서류를 깊이 있게 작성할 수 있다.

또한 지원할 회사들이 같은 업계에 속하면 작성하는 내용은 거의

| 취업, 이겨놓고 싸워라 |

유사하다. 그래서 빨리 쓸 수 있다. 업계 내 경쟁구도까지 자연스레 분석되기 때문에 내용도 절로 깊어진다.

이제 당신은 100개가량 지원한다는 것에 더는 놀라지 말아야 한다. 그리고 이상의 방법으로 질과 양을 모두 충족시켜 지원해야 한다. 그러면 반드시 성공 확률을 높일 수 있다. 상세한 방법은 이후 장들에서 계속 설명할 것이다. 자, 지금부터 100이라는 숫자에 익숙해지자.

업계부터
선택하라

컨설팅회사에서 기술 관련 프로젝트를 진행할 때 신기한 현상이
있었다. 같은 기술이라도 고객사마다 그 중요도를 다르게 본다는
것이었다. 왜 이런 차이가 있는지 궁금해서 부장님에게 물었다. 그
러자 그는 이렇게 답했다.

"음…, 그건 업계마다 특성이 있기 때문이야. 어떤 기술이 가령
A업계에서는 핵심이기도 하지만, B업계에서는 그저 그럴 수도 있
거든. 그래서 기술의 적용 현황을 보려면 업계를 먼저 보고 기술을
보면 이해하기 쉽지."

그제야 나는 왜 그런지 이해를 했다. 문득 취업도 마찬가지였다
는 생각이 들었다. 기술을 직무로만 바꿔서 본다면 말이다. 취업

| 취업, 이겨놓고 싸워라 |

준비생들을 보면 업계보다 직무에 상당한 비중을 두고 준비한다. 나는 그들에게 '직무보다는 업계부터 고르라'고 조언한다. 그러면 대부분이 왜 그래야 하는지 묻는다. 내 말뜻을 얼른 이해하지 못하는 이들에게 나는 항상 내 예전 경험을 들려준다.

깊이와 양을 충족시켜 지원하는 법을 발견했던 나는, 업계부터 먼저 정해야겠다고 생각했다. 하지만 당시 취업 시장을 지배하고 있는 말은 '직무 중심'이란 단어였다. 업계 중심이란 말은 누구에게서도 듣지 못했다. 그저 직무부터 고르고 회사 지원하라는 말뿐이었다. 그러다 보니 내가 찾아낸, 업계부터 먼저 보는 방법이 맞는 걸까 고민이 됐다.

그러던 어느 하루, 친구와 밥을 먹었다. 그는 군 복무를 마치고 '칼 복학한', 그러니까 휴학 없이 바로 학교에 돌아온 친구였다. 그러다 보니 다소 휴학이 길었던 나보다 일찍 취업 시장에 들어갔다. 그는 한창 면접을 보러 다니는 중이었다.

그는 재무 직무에 대해 박식했고, 그래서 그런지 많은 회사의 면접에 불려갔다. 그러나 그는 계속 탈락 통보를 받았다. 아직 학기가 끝날 때까지 시간이 있긴 했지만, 그는 계속된 면접 탈락에 한숨을 내쉬며 말했다.

"야, 내가 재무 하나는 진짜 잘 알잖아. 자격증도 여러 개 있고. 그런데 도대체 면접만 가면 떨어지는 이유가 뭘까?"

내가 답하기도 전에 그는 말을 이었다.

"한 번은 말이야, 이런 질문을 받았어. 어떤 IT 기업 면접이었는데 한 면접관이 나한테 이렇게 묻더라고. 우리 회사에 왜 지원했느냐고. 그래서 귀사에서 저의 재무 역량을 키워가기 좋을 것 같다고 말했지. 그런데 피식 웃더라고. 그리고 떨어졌어."

'업계를 먼저 고를 것이냐 말 것이냐'로 한창 고민 중이었던 내겐 친구의 그 말이 의미심장하게 들렸다. 혹시 업계에 대해 관심을 보이지 않아서 그런 건 아닐까 하는 생각이 들었다. 확신은 들지 않았다. 여전히 세상의 통념은 직무부터 골라서 취업하라는 것이었으니까.

이처럼 나는 업계를 정해서 지원하자는 생각을 가졌었다. 하지만 취업을 할 때는 업계 이야기는 보이지 않고 직무를 고른 다음 회사를 골라 지원하는 것이 일상적이었다. 그러다 보니 업계를 고르는 것이 오히려 지원 범위를 축소시켜서 불리하게 작용하는 건 아닐까도 생각했다. 지금 보면 웃긴 생각이었다. 그렇게 '업계를 고르자'던 생각은 조금씩 흔들렸다. 그러나 며칠 후 일어난 한 사건 때문에 내 생각은 다시 제자리를 찾기 시작했다.

친구가 유명 대기업에서 '캠퍼스 리크루팅'을 개최한다며 같이 가보자고 했다. 나는 취업 분위기나 느껴보자며 그를 따라갔다. 리쿠르팅이 진행되는 강당에서는 취업 열기가 한창 피어오르고 있었다. 기업 채용 담당자가 학생들의 질문에 열심히 답하고 있었다.

이윽고 친구 차례가 왔다. 친구는 조심스레 스펙의 커트라인에 대해 물었다. 그러자 담당자는 이렇게 말했다.

| 취업, 이겨놓고 싸워라 |

"우리 회사는 지원자의 직무를 중점적으로 봅니다."

형식적인 대답이라 생각한 친구는 더는 볼 게 없다는 표정으로 내게 가자고 했다. 하지만 나는 그 순간 볼 일이 생겼다. 다음 지원자가 자리에 앉기 전에 냉큼, 담당자에게 이렇게 물었다.

"혹시, 왜 직무를 중점적으로 보시나요?"

그는 별 시답잖은 질문을 한다는 표정으로 이렇게 말했다.

"우리 회사를 지원하는 지원자들의 역량을 보기 위함입니다."

우리는 강당을 빠져나왔다. 친구는 내게 무슨 질문이 그러냐고 했지만 나는 그의 대답에서 '우리 회사를 지원하는'이란 답변에 집중했다. 그 말은 그가 종사하는 업계에 지원한다는 것을 전제로 직무를 보겠다는 의미였다. 이미 업계는 그가 종사하는 회사로 정해진 것인 만큼 직무를 본다는 말은 어찌 보면 당연한 소리였다.

그래서 업계부터 먼저 고르고자 하는 내 방식이 옳다고 확신했다. 업계를 고르지 않고 직무만 공부하면 그저 전반적인 지식밖에 쌓을 수 없으리라는 생각도 들었다. 같은 직무라도 업계마다 풀어가는 내용에는 많은 차이가 있기 때문이다.

'그래, 취업을 할 때 직무만 고르는 것은 한계가 있어.
업의 특성에 따라 직무의 비중과 업무 방법이 다를 텐데,
업계를 빼고 어떻게 직무를 깊이 이해할 수 있겠어.
분명 깊이 있는 서류 작성도 힘들 거야.
그러면 면접에 간다 할지라도 면접관을 설득하기가 쉽지 않을 거야.

역시 업계부터 먼저 선택한다는 건 옳은 생각이었어!

이처럼 생각을 정리한 다음, 나는 곧바로 지원할 업계부터 찾았다.

취업을 준비하며 지원할 곳을 찾을 때는 직무 이전에 진입할 업계부터 찾아야 한다. 기업 채용 담당자들의 '직무 중심'이란 의미는 '우리 업계'에 지원한다는 전제가 깔려 있다. 그러므로 업계부터 골라야 그 안에 속한 직무까지 깊이 이해할 수 있고, 그래야 면접관의 질문에 똑 부러지게 답변할 수 있다. 더불어 업계부터 고르면, 그 업에 속한 회사들에 대해서도 파악할 수 있어서 오히려 지원 범위가 넓어질뿐더러 어떤 경쟁사들이 있는지 분석하기도 쉽다.

그리고 나중에 알게 된 사실은 '진짜 원하는 직무가 있었는데 놓칠 수도 있다'는 것이었다. 극단적인 예로 '매장관리'라는 직무는 매장을 운영하는 특성이 아닌 업계에는 있을 수 없다.

그러므로 업계부터 고르고 직무를 고르는 것은 불변의 취업 성공 방법이다. 업계를 고르는 것을 포함하여 전체적인 회사 지원 방법은 다음과 같다.

- 첫째, 앞서 찾은 '하고 싶은 일'을 참고하여 진입할 업계를 고른다. 하나의 업계만 고집할 필요는 없다. 최소 2개에서 최대 4개까지 골라도 된다. 한 우물만 파는 것은 위험하다.
- 둘째, 직무를 고른다. 이 역시 하고 싶은 일과 연관 지어 찾아본다.

| 취업, 이겨놓고 싸워라 |

- 셋째, 결정한 업계에 속한 회사를 찾고 그중에서 지원할 회사를 선별한다. 한 업계당 보통 20~30개면 괜찮다.

이와 같은 방법으로 내가 찾은 곳은 다음과 같았다.

- 컨설팅회사의 컨설턴트
- 종합상사의 해외영업
- 전기·전자 회사의 해외영업·마케팅

이제 왜 업계부터 선택해야 하는지 이해가 될 것이다. 인사 담당자들의 직무 중심이란 말은 자신들의 업계에 지원한다는 것을 가정하고 하는 얘기라는 점을 잊지 말자. 지원할 영역이 명확하지 않은 취업 준비생의 입장으로서는 직무 이전에 업계부터 골라야 한다.

업계를 정하면 업계에 속한 회사들이 보이기 때문에 지원 동기가 더 구체적으로 드러난다. 더불어 업의 본질과 직무에 대한 더 깊은 이해 그리고 경쟁사분석까지, 그야말로 삼박자를 갖출 수 있다. 마치 꿩 먹고 알을 두 개나 더 먹는 셈이다.

같은 기술이라도 업계마다 수준이 다르듯, 직무는 업계에 속해 있는 하나의 기술과도 같은 개념이다. 같은 직무라도 업계에 따라 풀어가는 업무 수준이 다르니 업계를 먼저 보는 게 필수다. 그래야만 남들보다 깊이 있는 준비를 할 수 있고, 당연히 취업 성공의 확률도 높아진다.

방학 2개월만
독해져라

　내게 코칭을 받는 학생들은 종종 스펙을 준비하는 방법에 대해 묻곤 한다. 그때마다 나는 이렇게 알려준다.

　"스펙을 잘 쌓으려면 사전에 해놓아야 할 것이 있습니다. 먼저 지원할 업계와 직무 그리고 회사까지 정하는 것입니다. 그 후 방학 2개월 동안 그 방향에 맞춰 자신에게 부족한 스펙을 찾아 독하게 보강하면 됩니다. 그러지 않고 그저 무의미하게 스펙만을 좇는 사람들을 보면 참 안타깝습니다. 무조건 많은 스펙만이 살길이라 생각하는 거죠. 방향이 없으니 어찌 보면 당연한 일이겠지만, 필요 없는 스펙에 무의미하게 독해지려 하지 마세요."

　많은 이들이 준비해야 하는 명확한 이유도 찾지 못한 채 스펙에

| 취업, 이겨놓고 싸워라 |

시간을 투자한다. 필요도 없는 스펙을 무더기로 가지고 있는 경우도 종종 보았다. 방향이 있다면 지금부터 소개하는 방법을 통해 필요한 스펙만을 독하게 준비할 수 있다.

지금까지 나는, 지원할 업계와 직무 그리고 회사까지 정했다. 과정에 어려움을 겪긴 했지만, 가야 할 길이 명확하게 보였다. 그러나 한편으로는 이 길로 도전하면 정말 성공할 수 있을지 두렵기도 했다. 내가 가려는 길은 이미 높은 학벌이라는 진입장벽이 쳐져 있기 때문이다. 단적인 예로, 컨설팅회사는 높은 학벌을 가진 이들조차 로망으로 여기는 영역이었다. 나를 한층 성장시키는 무언가를 해야 했다. 우선 현재 스펙을 더 보강해야겠다고 생각했다.

나는 인터넷과 취업 서적들을 뒤져서 스펙이라고 불리는 항목들을 찾아낸 다음 나열해보았다. 학벌, 전공, 학점, 어학 자격증, 관련 자격증, 인턴, 대외활동, 봉사활동 등이 대표적이었다. 그리고 가장 가고 싶은 회사 몇 개를 선별하여 내가 보유한 스펙 중 무엇이 충분하고 무엇이 부족한지 하나하나 비교했다.

먼저 충분한 것부터 찾아봤다.

- 학점은 3.5 이상이었다. 괜찮아 보였다.
- 대외활동과 봉사활동도 충분했다. 예전에 하고 싶은 일을 찾는 과정에서 자연스레 쌓아왔기 때문이다.
- 내가 가려 하는 방향에는 어학 빼고 다른 자격증은 딱히 요구

되지 않았다.

부족한 것은 다음과 같았다.

- 지원자들 대비 뒤떨어지는 학벌
- 지원하려는 직무와 전혀 관련 없는 전공
- 지원하려는 직무 대비 부족한 어학 점수
- 전무한 인턴 경험

생각보다 부족한 것이 많았다. 그래도 전체적인 관점으로 현재 나의 상황을 객관적으로 판단할 수 있었다. 이제부터 하면 된다며 나를 위로했다. 좀더 현실적으로 판단해보기 위해 부족한 스펙들 중에서 현재 내가 도전할 수 있는 것과 그렇지 않은 것을 구별해보기로 했다.

- 학벌: 이미 늦어서 바꿀 수 없다.
- 지원 직무와 전공의 관련성: 지금 와서 전과는 무리였다(무엇보다 8학기 이내에 졸업하고 싶었다).
- 어학 점수: 도전 가능했다. 특히 해외 관련 직무니까 더 올려야 했다.
- 인턴 경력: 이 역시 도전 가능했다. 아니, 나머지 기준들을 바꾸고 싶지 않다면 반드시 도전해야 했다.

| 취업, 이겨놓고 싸워라 |

그렇게 정리하니 도전할 것들이 선명하게 보였다. 다른 것들에는 일체 신경 쓰지 않기로 했다. 오직 두 가지 어학 점수와 인턴, 이것만을 바라보고 온 열정을 쏟자고 다짐했다.

이처럼 자기 자신의 상황을 진단하면 보강해야 할 스펙을 명확히 판단할 수 있다. 비록 간단해 보이지만, 자신이 해야 할 것이 무엇인지를 현실적으로 확실히 파악할 수 있다. 그리고 다른 것들은 신경을 꺼라(이런 과정이 없으면 다른 스펙도 신경 쓸 것이다). 당신의 열정을 필요한 것에만 쏟아라. 명확한 대상이 보이니 의지가 생기고 행동도 독하게 할 수 있다.

물론 이 판단 기준이 서류 전형에 합격하는 데 절대적이라 할 수는 없다. 하지만 자칫 한곳으로만 쏠릴 수 있는 시야를 넓고 멀리 보도록 수평적인 기준으로 잡아줄 것이다. 그리고 상대적으로 자신이 보강해야 할 점이 무엇인지를 찾아 준비할 수 있다. 이제 남은 것은 무엇을 먼저 보강할 것인지, 언제까지 해낼 것인지 계획을 세우기는 것이다.

영어 자격증과 인턴, 무엇을 먼저 해야 할까. 둘 다 시급했지만, 굳이 우선순위를 두자면 어학 점수 보강이 좀더 앞섰다. 인턴 경력은 없어도 취업이 되지만 영어 자격증은 일정 점수가 안 되면 서류조차 통과하기가 어렵다는 것이 내 판단이었다. 무엇보다 지원하려는 직무 중 하나가 해외영업이었기 때문이다.

'그래, 어학 점수를 최우선으로 놓고 준비하며 인턴을 계속 지원하자.'

　내가 내린 결론이었다. 결정은 했으니 이제 계획을 세워야 했다. 계획 없인 그 무엇도 안 되기 때문이다. 예상 기간은 방학 2개월. 이 안에 어떻게든 결판을 내려고 생각했다. 어학 점수 올리기와 인턴 경력 쌓기의 보강계획을 자세히 세워보았다.

　어학부터 계획을 세웠다. 독학? 그것도 방법이긴 했다. 그러나 어떤 문제집을 사야 하는가 하는 것부터 문제에 봉착했다. 문제를 풀어나가는 노하우도 내가 직접 체득해야 한다. 충분한 시간이 있다면 고려 대상이었겠지만, 내게 적합한 것은 시간을 버는 쪽이었다. 거기서 시간을 벌어 인턴 지원에 투자해야 했기 때문이다. 그래서 어학 자격증으로 유명한 학원에 등록했다. 어학에 대해 내가 세운 보강 계획은 이것이었다.

'방학 내에 토익 900 이상 돌파.'

　인턴은 이미 지원회사 목록이 있었으므로 계획을 세우기가 간단했다. 그 회사들에서 인턴 모집을 하는지만 살피면 되기 때문이다. 하지만 그 회사들 전부가 인턴을 모집하지는 않을 것이기에, 도움되는 경력을 쌓을 수 있는 회사까지 지원하는 방법으로 정했다. 내가 세운 인턴 도전 계획은 다음과 같았다.

| 취업, 이겨놓고 싸워라 |

'방학 2개월 동안, 지원회사 목록에 있거나
유사 경력으로 도움되는 회사의 인턴이면 지원.'

그 후 온 힘을 다해 어학과 인턴 계획을 독하게 실천했다. 이 시기만큼은 거의 잠도 안 자고 심지어 밥을 먹거나 화장실에서 볼일을 볼 때도 오로지 두 가지에 매진했다. 다른 건 아무것도 쳐다보지 않고 딱 이것들에만 모든 신경을 쏟았다. 그 덕에 마침내 어학 점수 목표 기준을 돌파할 수 있었다. 인턴은 생각했던 2개월 대비 조금 늦었지만 유사 경력을 쌓을 수 있는 곳에 합격할 수 있었다.

해야 할 것을 명확히 파악하니 투철한 의지로 무장할 수 있었고, 그 결과 최대로 몰입할 수 있었다. 그저 무의미하게 어학 점수 올리기, 인턴 경력 쌓기가 아니라 계획이 뚜렷하고 구체적이었기에 거둘 수 있는 성과였다. 하고 싶은 일을 위해 '반드시 이뤄내야 하는 것'이었고, 그래서 독하게 굴 수 있었다.

그렇게 방학 2개월 독하게 산 나는, 원했던 결과를 이뤄냈다. 정말이지 나란 존재를 잠시 내려놓고 말 그대로 '독하게' 살았다. 가야 할 방향이라는 커다란 지침이 있었기에, 이런 일련의 일들은 특정 시기에 거쳐 가는 하나의 작은 과정일 뿐이었기에 버틸 수 있었다. 많은 이들이 특히 스펙을 준비할 때 독하게 하지 못하고 도중에 무너진다. 그 이유는 방향이 없기 때문이다. 방향이 없으면 제대로 된 목표를 세우고 강력한 의지로 밀어붙이기가 매우 어렵다.

강력한 의지가 없는 상태의 목표는 무엇보다도 몰입이 힘들다. 그러나 방향이 있다면 스펙을 쌓는 것은 그저 수단에 불과하다는 걸 알게 되고, 반드시 해내야 하는 것으로 마음가짐이 바뀐다. 그러면 다른 이들보다 더 큰 에너지를 발휘해 이뤄낼 수 있다.

당신도 방학 2개월 다음과 같은 방법을 통해 독하게 살 수 있다.

- 첫째, 지원할 회사에서 요구하는 스펙을 조사해 보강해야 하는 스펙을 파악한다.
- 둘째, 보강이 필요한 스펙 중 현실성을 고려하여 도전 가능한 대상을 선별한다.
- 셋째, 선별한 대상 간에 우선순위를 정한 후 계획을 세우고 실행에 옮긴다.

방학 2개월만 독해지자. 방향을 정하고 맞춤 스펙을 쌓아가자. 객관적으로 자신을 바라보고 필요한 항목을 파악하자. 그러면 독하게 준비할 수 있다. 설령, 지금 당장 스펙 하나 없다 해도 너무 걱정하지 마라. 취업의 방향을 잡았다면 누구보다 찬란한 맞춤 스펙을 쌓아갈 수 있다.

이 과정을 하나의 투자라 생각하자. 하고 싶은 일을 위해, 그리고 인생의 첫 출발을 멋지게 해내기 위해 꼭 필요한 투자라고 말이다. 그러면 독해지는 데 도움이 될 것이다. 다시 말하지만, 가장 중요한 것은 사전에 자신의 방향이 명확해야 한다는 것이다. 지원할

| 취업, 이겨놓고 싸워라 |

업계, 직무, 회사들이 파악돼 있어야 한다.

　일궈나갈 무한한 성공의 세계가 방학 2개월에 달려 있다. 당신이 현 상태를 파악하고 독해진다면 반드시 이뤄낼 수 있다!

방향이 맞는지
체크하라

"윈스턴 처칠이라고 알아? 그가 말하길, 경쟁의 세계에는 단어가 두 개밖에 없대. 이기느냐, 지느냐. 기껏 취업해놓고 다른 데 입사 준비하는 나는 이긴 걸까, 진 걸까…?"

오랜만에 만난 선배가 한 말이었다. 그는 친구들 중 가장 먼저 취업에 성공했다. 당시 여러 회사에서 러브콜을 받았고, 모두의 부러움 속에 한 군데를 골라 입사했다. 그러나 얼마 되지 않아 이직을 준비하기 시작했다.

나는 그가 왜 저런 말을 하는지 잘 이해가 갔다. 애초부터 그런 고민을 하고 싶지 않아서 끊임없이 내 방향에 대해 고민해왔기 때문이다.

| 취업, 이겨놓고 싸워라 |

가고 싶은 회사까지 파악한 나는, 하루하루가 설렘의 연속이었다. '여기에 들어가면 어떨까, 저기에 들어가면 어떨까' 하며 상상했다.

그날도 이런 상상에 빠진 채 졸면서 집으로 가던 중이었다.

"그러면 안 된다니까요! 제 말 좀 들으세요."

나른한 오후 버스 안 느닷없는 고함 소리에 깜짝 놀랐다. 앞자리에 앉은 한 중년 여성이었다. 뭔가 마음에 들지 않는 게 있는지 언성을 높이며 통화 중이었다. 버스 안의 다른 사람들도 무슨 일인지 궁금하다는 표정으로 그녀 말에 귀를 기울이고 있었다.

"얼라인먼트가 엉망이면, 실력을 올리기 힘들다고요!"

사람들이 쳐다보는 걸 알았는지, 그녀는 목소리를 조금 낮췄다.

'얼라인먼트, 어디서 들어본 말인데…?'

얼마 전 TV에서 접한 골프 용어였다. 공을 칠 방향을 말하는 것이다. 그런데 그게 뭐 어쨌다고 저렇게 소리를 지르는지 문득 호기심이 생겼다. 그녀의 이야기에 귀를 기울여보았다.

그녀는 스윙을 할 때, 공을 치는 데만 집중한 나머지 방향을 잊는 경우가 많다고 이야기했다. 처음 방향을 설정했으면 치기 전까지 방향을 끊임없이 체크해야 한다고 했다. 방향이 엉망인 상태로 공을 치면 더 고생한다며, 골프의 제왕 타이거 우즈도 시합에 나가기 전 연습장에서 방향을 꼭 체크한다는 말도 했다. 그녀는 공을 치기전에 한 번 더 방향을 신경 쓰라는 말로 통화를 마쳤다.

그 통화를 듣고 보니 이런 생각이 들었다.

'취업에서 내가 설정한 방향이 혹시 틀어지진 않았겠지? 이때까지 많이 신경 썼는데 설마 틀리겠어?'

그러나 참 얄궂게도 혹시 틀릴 수도 있지 않을까 하는 의구심이 계속 들었다. 애써 아니라고 생각은 했지만 그 중년 여성이 했던 말이 머릿속에서 계속 맴돌았다. 그녀는 '방향이 엉망인 상태에서 공을 쳐서 날아가 버리면 더 고생하는 순간이 반드시 온다'고 했다.

어차피 손해 볼 것도 없는데, 딱 한 번만 더 방향을 체크해보자는 생각을 하며 집으로 향했다. 나는 내가 하고 싶은 것과 취업 이후 가야 할 다음 길까지 고민한 사람이다. 그래서 방향에 대해 예민했다. 방향이 틀린 채 몇십 년을 살다 문득 '이 길이 아니었구나!' 하며 땅을 치고 싶지 않았다. 그래서 그런지, 이후 입사하고 나서는 방향에 대한 의문을 품지 않고 일을 배우고 실력을 키우는 데 전념할 수 있었다.

집에 도착한 나는 그 즉시 내가 잡았던 방향의 기록들을 펼쳐보았다. 그러나 막상 어디서부터 점검해야 할지 떠오르지 않았다. 그러다 예전에 적어놓은 '꿈의 지도'와 이후 정한 '업계, 직무 그리고 회사들'을 살펴보며 이런 의문이 들었다.

'당시 그린 꿈의 지도와 이를 통해 구체화한
업계, 직무, 회사들의 방향이 서로 일치할까?'

이런 생각도 들었다.

'만약 두 가지 방향에 차이가 있다면, 무엇이 옳은 것일까?
하고 싶은 일? 아니면 구체적으로 뽑아낸 지원 리스트?
둘 중에 뭘 믿어야 하지?
하고 싶은 일을 찾던 시점으로 다시 돌아가야 하나…?'

한번 점검해보았다. 우선 꿈의 지도에 맞춰 정한 업계의 방향은 일치했다. 직무도 차이가 없었다. 한숨을 쓸어내렸다. 그러나 업계 내 회사들을 본 순간 내 표정이 굳어버렸다. 선별한 회사 중 몇몇 회사가 꿈의 지도와 방향이 달랐던 것이다. 이곳에 들어가면 내 꿈의 지도에서 다음 행선지인 '사업가'로 가기는 어려워 보였다. 그래서 목록에서 과감히 제외하고, 꿈의 지도와 방향을 맞출 수 있는 회사를 추가로 물색하여 지원회사 목록을 보강했다.

이런 작업을 하면서 문득 아까 버스에서 본 여성이 떠올랐다. 게다가 며칠 전 '얼라인먼트'라는 골프 용어를 듣지 못했다면 알아들을 수도 없었을 것이다. 내가 간절히 올바른 방향을 원하니 신이 도와주려고 등장시킨 존재인가도 싶었다. 같은 버스에서, 그것도 내가 그녀 바로 뒤에 앉았다는 것도 얼마나 운이 좋았던 건가 생각하며 미소를 지었다.

인생에서는 몇 개의 중요한 갈림길이 있다. 그 순간만큼은 고심해서 방향을 체크해야 한다. 일단 잘못 들면 돌아오기 어렵다. 취업도 그 중요한 순간 중 하나이기에 방향을 한 번 더 점검하는 것은 꼭 필요한 일이다.

꿈의 지도를 그려 하고 싶은 일을 찾고, 그에 따라 진입할 업계와 직무 그리고 회사들을 구체화했더라도 다시 한 번 둘의 방향이 일치하는지 점검해보자. 큰 그림으로 구성된 꿈의 지도를 가지고 상세하게 구체화하는 과정에서 약간의 방향 차가 일어날 수 있다. 나처럼 말이다. 그런 경우는 나뿐 아니라 주변인들을 통해서도 많이 봤다. 특히 방향을 잘못 잡고 취업한 이들은 자신이 들어선 길을 후회하고 재취업을 준비하는 경우가 많다.

잠깐의 시간이면 충분하니 다음과 같은 방향을 점검하는 방법을 참고해서 체크해보길 바란다.

- 첫째, 하고 싶은 일을 찾는 단계에서 작성했던 꿈의 지도를 펼치자.
- 둘째, 당신이 구체화한 업계, 직무, 회사가 당신의 꿈의 지도에서 첫 행선지와 일치하는지 점검하자(차이가 있다면 미세하게 조정해야 한다).
- 셋째, 당신이 정한 회사들에 입사하면 꿈의 지도에서 두 번째 행선지로 갈 수 있는지 점검하자(이 역시 차이가 있다면 조정해야 한다).

126

방향이 맞는지는 꼭 체크해야 한다. 하고 싶은 일을 찾느라 고생하며 달려왔는데, 막상 아닐 수도 있다는 의심을 품고 점검하라는 말이 야속하게 들릴 수도 있다. 하지만 다시 한 번 보면 미묘하게 다른 점이 보일 수도 있다. 안 보이면 안 보이는 그대로 좋다. 당신이 구체화한 것들이 전부 옳다는 말이니까.

시간을
갉아먹는 흰개미를
제거하라

　요즘 사진을 찍으러 자주 다닌다. 특히 목조건물의 아름다움에 빠져 종묘사찰 같은 곳에 자주 들른다. 그런데 이런 목조건물들이 최근 흰개미 때문에 고충을 겪고 있다고 한다. 지구 온난화로 흰개미의 활동이 급증하면서 목조건물까지 갉아먹고 다녀 피해가 늘고 있다. 이런 피해를 막기 위해 탐지견을 고용하는 추세라 한다. 특히 삽살개같이 후각이 뛰어난 개들을 주로 쓴다. 흰개미 분비물의 냄새를 맡고 흰개미 서식지 앞에 멈춰 조련사에게 탐지 사실을 알린다고 하니 신기할 따름이다.

　그 덕에 피해가 없어질 것 같아 안심했다. 흰개미가 중요 건물들을 갉아먹지 못하게 삽살개가 톡톡한 역할을 한다는 것에 내심 통

| 취업, 이겨놓고 싸워라 |

쾌함을 느꼈다. 내 취준생 시절에도 이런 흰개미 같은 존재들이 있었기에 더 공감했던 것 같다.

"어휴…. 오늘 하루 다 날아갔네."
　인턴을 지원할 당시부터 나는 수많은 증빙서류를 제출하라는 압박에 힘들었다. 면접을 볼 때마다 회사에 내야 하는 서류가 상당했다. 매번 서류 떼러 다니는 데만 하루가 다 날아가곤 했다. 취업에서 나를 증명하기란 출국보다 더 까다로웠다.
　회사마다 제출을 요구하는 방식도 조금씩 달랐다. 어디는 사본을 내라, 어디는 원본을 내라 하니 가끔 실수해서 다시 제출하기도 했다. 이런 일을 한 번 할 때마다 하루를 까먹는다는 사실은 서류를 다 준비하고 나서 느꼈다.
　점점 짜증이 쌓여갔다. 몸도 피곤했다. 특히 똑같은 일을 계속하다 보니 정신적으로 더 피곤했다. 여러 장을 뽑아놓기도 했지만 자주 잃어버렸다. 조치가 필요했다. 종류도 여러 가지라 한 번에 일사천리로 증빙서류를 준비할 방법이 필요했다.
　그러던 중 이런 생각이 들었다.

'졸업 예정증명서 같이
원본으로 제출해야 하는 서류는 미리 많이 떼놓고,
사본으로 내도 되는 서류들은 전부 스캔해서
하나의 문서로 만들어버리면 어떨까?'

될 것 같았다. 어려운 일도 아니었다. 실제 만들어놓고 보니, 그간 무의미하게 시간을 허비하게 했던 문제가 깡그리 해결됐다. 그저 PC에서 인쇄 버튼을 누르는 시간, 10초 안에 모든 것을 마칠 수 있었다. 서류 떼러 종일 뛰어다니던 입장에서 휘파람을 부르며 준비하는 여유 있는 상황으로 바뀌었다.

당신은 증빙서류 제출을 위해 종일 뛰어다닐 텐가, 아니면 10초 안에 해결할 텐가? 답은 정해져 있다. 다음의 방법을 따라 당신도 10초의 매력에 빠져보자.

- 첫째, 제출하게 될 법한 증빙서류를 전부 스캔한다. 반드시 원본으로 제출해야 하는 서류들은 몇 가지 없으니 미리 많은 부수를 준비해놓자.
- 둘째, 스캔한 문서를 워드나 한글 같은 문서 작성 프로그램에 불러오자.
- 셋째, 각 스캔 문서의 사이즈를 A4 용지 크기에 맞게 변경하자(서류 한 장이 한 페이지에 들어가게).
- 넷째, PDF 형식의 전자문서 형태로 저장해놓고 필요할 때마다 출력해서 제출하자(원본은 한곳에 모아놓자. 제출하러 가서 원본에 대해 별도의 언급이 없으면 사본을 내도 된다. 많은 이들이 이를 모르고 원본을 제출한다).

시간을 갉아먹는 존재는 증빙서류만이 아니었다. 인적 사항을

| 취업, 이겨놓고 싸워라 |

쓰는 것도 있었다. 이 덕분에 나는 똑같은 일을 반복하는 것을 싫어한다는 걸 알게 되기도 했다.

서류를 작성할 때마다 매번 등장하는 인적 사항(이력서라고도 불린다), 이게 또 은근히 시간을 많이 잡아먹는다. 흰개미라는 점에서는 같은데 증빙서류가 거침없이 갉아먹는다면, 인적 사항은 야금야금 갉아먹는다는 차이가 있을 뿐이다.

웃긴 것은 매번 같은 내용을 쓰는데도 내용의 질에 편차가 있다는 사실이다. 시간이 없을 때는 대강 쓰고, 여유가 있을 때는 자세히 쓰기 때문이다. 심지어 급히 쓴 인적 사항은 내가 봐도 성의가 없다는 게 확 드러났다. 더는 편차가 발생하지 않고, 무엇보다도 중요한 시간을 갉아먹지 않게 할 방법이 필요했다.

"역시 리포트는 복사, 붙여넣기가 최고야!"

내 옆에서 신 나게 남의 과제를 '복사, 붙여넣기' 하며 과제를 작성하던 친구가 외친 탄성이다. 이 탄성은 내게 다음과 같은 단서를 가져다주었다.

'인적 사항도 복사, 붙여넣기를 하면 안 될까?'

미리 써놓기만 하면 가능할 것 같았다. 다만 어떤 양식으로 작성하느냐가 문제였다. 그 즉시 기업들의 사이트에서 채용 메뉴로 들어가 인적 사항 양식을 찾았다. 그렇게 여러 곳을 들러 작성해야 할 항목들을 수집했다. 그리고 하루 날 잡아 작성해보았다. 대충

하지 않고 많은 공을 들여 작성했다.

이렇게 공들여서 만든 인적 사항의 질은 두말할 것 없이 좋았다. 그 후로는 서류를 제출할 때 인적 사항을 작성하는 데 10분을 넘긴 적이 거의 없다. 야금야금 시간을 갉아먹던 흰개미는 어느새 자취를 감추었다.

이처럼 인적 사항을 미리 작성해놓고 실제 서류 작성 시 복사, 붙여넣기만 하면 상당한 시간을 절약할 수 있다. 잘 작성한 인적 사항은 채용 담당자에게 깊은 인상도 남길 수 있다.

채용 담당자가 서류를 볼 때 가장 먼저 보는 것은 자소서(자기소개서)가 아니라 인적 사항(이력서)이다. 위치만 보더라도 인적 사항이 자소서 앞에 있다. 그러므로 지원할 때마다 즉흥적으로 작성할 게 아니라 사전에 공을 들여 자신의 매력을 호소할 내용으로 구성해야 한다.

다음과 같은 방법으로 인적 사항을 미리 작성해놓자.

- 첫째, 기업별 홈페이지 채용 화면에 들어가 인적 사항 항목들을 조사한 후 총체적으로 기입할 항목을 수집한다.
- 둘째, 항목별로 공을 들여 작성하고 지속적인 검토를 통해 그 질을 높여놓는다.
- 셋째, 실제 서류 작성 시 복사, 붙여넣기로 빠르게 끝낸다.
- 넷째, 작성 도중 지원 기업에 특히 어울리는 표현이 있는지

| 취업, 이겨놓고 싸워라 |

살펴 그것으로 고치자(가령 국제봉사활동 경험이 있다고 할 때 국제
적 역량을 중시하는 회사에는 '통역'이라 쓰고 봉사활동을 중시하는 회사
라면 '봉사활동'으로 고친다).

   당신의 취업에서 시간을 갉아먹는 흰개미 같은 존재가 있다면 사
전에 제거하자. 그러면 더는 무의미한 시간을 쓰며 허덕이지 않을
것이다. 당신의 시간을 갉아먹는 증빙서류는 이제 일일이 뽑으러
다니지 말자. 스캔해서 하나의 전자문서로 만들어놓고 필요할 때
마다 출력해서 제출하자. 쌓이고 쌓이면 엄청난 시간을 절약할 수
있다. 인적 사항도 미리 작성해놓자. 그러면 이후 또다시 같은 내
용을 쓰느라 시간을 허비하지 않을 것이다. 더불어 작성 시마다 발
생하는 내용의 편차도 없어질 것이다.
   이 두 가지만 해결해도 앞으로 놀라운 효과를 체험할 것이다. 특
히 반복되는 서류 제출과 면접에 시달릴 때 시간이 절약된다는 것
을 절실히 느낄 것이다. 기억하자, 당신의 시간을 갉아먹는 흰개미
가 있다면 없애야 한다는 것을. 당신의 취업 삽살개를 고용해서 시
간을 갉아먹는 존재들을 지금 당장 없애버리자.

자소서에
들어갈
성공 사례를
찾아라

"뭐라고? 이게 해골이라고?"

"그렇다니까! 다시 한 번 봐봐."

"어라, 그러네? 신기하다."

"그치?"

지인이 재미있다며 사진 한 장을 보여줬다. 두 연인이 테이블에 마주 앉아 손을 잡고 있는 그림이었다. 그런데 지인의 말을 듣고 다시 보니 이번에는 해골이 보이는 것이었다. 지인은 이를 가리켜 착시 현상 그림이라 했다.

'이렇게 보면 해골로도 보일 수 있구나!' 하며 많이 놀랐다. 어떻게 보느냐에 따라 완전히 다른 그림이 됐기 때문이다. 예전 취업을

| 취업, 이겨놓고 싸워라 |

준비할 때 잘 써지지 않던 성공 사례도 이와 비슷했다는 생각이 들었다.

  당시 수많은 서류를 제출하려고 했던 나는 이를 위한 준비가 필요했다. 그중 하나의 방법은 자소서를 미리 써놓는 것이었다. 그래서 나는 다른 수십 명의 '잘 썼다'는 자소서를 찾아 읽어가며 열심히 분석했다. 그러다 보니 하나의 공통점을 찾을 수 있었다. 즉, 모두 성공적인 이야기가 담겨 있다는 것이었다.

  '그래 성공적인 이야기로 자소서를 채워 넣으면 되겠구나.
  성공 사례를 미리 여러 개 써놓아야겠군.'

  여기까지는 참 좋은 생각이었다. 바로 쓰기만 하면 될 줄 알았으나, 곧바로 난관에 부닥쳤다. 뇌리에 남을 만큼 성공적인 기억이라곤 대학 입학 그리고 인턴에 합격한 일이 전부였다. 그걸 빼곤 도무지 떠오르지가 않았다. 이제껏 뭐하며 살았나 싶어지면서, 순간 작아지는 내 모습을 그저 바라봤다.

  취업 공채 시즌은 몇 개월도 안 남은 채 점점 다가오고 있었다. 슬슬 죄어오는 서류의 압박이 느껴졌다. 주춤거리고 있을 여유가 없었다. 어떻게든 성공 사례를 찾아야 한다는 생각만이 머릿속을 가득 메웠다. 내 인생의 성공적인 순간들만 비춰주는 상영관이 있었으면 하는 바람이었다. 좀처럼 떠오르지 않아 짜증이 났다.

그러던 어느 날이었다. 한창 취업에 도전 중인 선배가 자신이 쓴 자소서를 보여줬다. 그냥 한 번 보고 면접관의 입장에서 느낀 바를 알려달라 했다. 얼마나 잘 썼기에 보여줄까 하며 조금은 색안경을 낀 채 읽어나갔다. 그러나 그 색안경은 금세 깨졌다. 더군다나 성공 사례를 찾는 것 때문에 애가 타던 나의 고민까지 말끔하게 날아갔다. 그가 쓴 제목을 보고 말이다.

'저는 엑스트라입니다. 하지만 열정만큼은 최고의 배우입니다.'

고작 봉사활동에 가서 사진 몇 장 찍고 왔을 뿐인데 이런 성공 스토리로 표현할 수 있을 줄은 정말 몰랐다. 꼭 대단한 일이 아니어도 얼마든지 성공적인 이야기로 풀어낼 수 있다는 것을 그제야 깨달았다.

작은 일이라도 내가 최선을 다한 것이면 바로 성공 사례의 소재라는 것을 알게 되었다. 그 후 작은 경험도 소홀히 하지 않고 기억을 더듬은 결과, 많은 성공 사례를 찾아냈다. 그 일을 통해 나는 작은 일도 어떻게 조명하느냐에 따라 성공적인 부분을 얼마든지 찾을 수 있음을 알게 되었다.

'어떠한 경험도 쓸모없지 않다.'

내가 좋아하는 말 중 하나다. 이 말을 생각하면 삶의 모든 순간을 조명할 수 있다. 힘들었던 순간, 슬펐던 순간, 기뻤던 순간, 행복했던 순간 등 모든 순간이 가치 있다. 바로 이런 순간들이 성공 사례의 소재다. 당신도 성공 사례를 찾을 수 있다. 누구든 살면서 작은 성공 몇 가지는 이루었기 마련이다.

성공 사례 소재를 찾아낸 나는 과거를 다시 조명하며 자소서를 작성해나갔다. 신명 나게 성공 스토리를 써나갔다. 그런데 몇 개 써보고 나니, 내용이 거기서 거기라는 생각이 들었다. 주제가 전부 노력에만 관련된 이야기였다.

물론 살면서 노력을 안 하진 않았다. 그렇지만 자소서에 전부 같은 주제만 써놓는다면 분명 지루할 거라고 생각했다. 내가 면접관이어도 노력만 한다고 말하는 사람은 썩 매력 있지 않게 느껴졌다.

작성 중인 것을 잠시 멈추고, 문제에 대해 다시 생각해보았다. 무엇보다도 단조로운 주제들로 구성한 게 주요 원인이었다. 다양한 주제로 구성하는 방법이 필요했다. 이번에는 주제만을 중심으로, 잘 썼다는 자소서들을 다시 한 번 분석해보았다.

역시나 잘 쓴 자소서에는 주제가 다양했다. 노력이란 내용밖에 없던 내 사례에 비해 다양한 주제로 구성되어 있었다. 그런데 이들 중 일부에서는 더 좋은 점을 발견할 수 있었다. 바로, 지원하는 기업의 인재상에 철저하게 맞춰 작성되어 있다는 것이다.

'자소서를 잘 쓴다는 것은, 지원하는 기업의 인재상에 맞춰 전략적으로 작성한다는 의미구나!'

이런 깨달음이 들면서 탄성이 흘러나왔다. 단지 주제를 다양하게 구성하는 것뿐만이 아니라 기업의 인재상에 부합하는 주제를 찾아 작성하는 것. 이 점을 깨달은 후, 기존에 찾아놓은 소재를 여러 주제로 다시 구성했다.

하나의 주제로만 구성된 성공 사례는 지루하다. 다양한 주제로 구성해놓아야 한다. 또, 그저 다양하게만 작성하는 것이 아니라 기업의 인재상에 해당하는 주제들로 작성해야 한다. 어느 부분에 초점을 맞추느냐에 따라 얼마든지 다른 성공 사례로 만들어낼 수 있다.

이후 나는 수많은 기업의 인재상을 분석해보았다. 그리고 다음과 같은 9개의 공통적인 주제를 발견할 수 있었다.

'열정, 도전정신, 창의적 사고, 전문적 역량,
국제적 역량, 뛰어난 실행력, 강한 팀워크, 주인의식, 도덕성.'

이 정도 주제로 성공 사례를 구성하면, 웬만한 기업에는 거의 다 적용할 수 있을 것이다. 다양한 주제에 맞춰 당신의 성공 사례를 미리 써놓자. 그리고 앞으로 자소서를 작성할 때 맘껏 활용하자.

추가로 다음의 원칙을 참고하면 더 매력 있고 간결한 내용으로 작성할 수 있다.

- 첫째, 면접관을 안달 나게 하는 섹시한 제목으로 작성한다.
- 둘째, 지원하는 회사에 관심이 있다는 것을 표현해야 한다(하

고 싶은 일과 엮어서 쓰면 된다).

- 셋째, 소설보다는 보고서처럼 간단명료하게 작성한다. 'SAR-
  LC 법칙'을 따라 작성한다(Situation: 당신이 처한 상황, Action:
  당신이 취한 행동, Result: 그로 인한 결과, Learn: 이를 통해 배운 점,
  Contribution: 앞으로 기여할 목표).

자소서에 들어갈 성공 사례를 찾아라. 연인이 해골처럼 보이다
가도 다시 연인처럼 보이는 착시 사진처럼, 당신이 어떻게 보느냐
에 따라 다양한 성공 사례를 구성할 수 있다.

힘들었던 순간, 슬펐던 순간, 기뻤던 순간, 행복했던 순간들을
재조명하면 다양한 성공 사례 소재를 찾을 수 있을 것이다. 그리고
아마도 이런 순간들이 정말 가치 있었음을 다시금 느낄 것이다. 주
제도 다양하게 구성하자. 하나의 주제로만 구성하면 서류 담당자
에게 깊은 인상을 줄 수 없다. 다양하게 구성하고, 지원 기업의 인
재상에 맞추면 담당자를 매료시킬 수 있다.

당신 두 눈에 걸려 있는 암호 화면을 지금 즉시 잠금 해제하자.
그리고 재조명의 기법을 통해 당신만의 성공 사례를 구성하자.

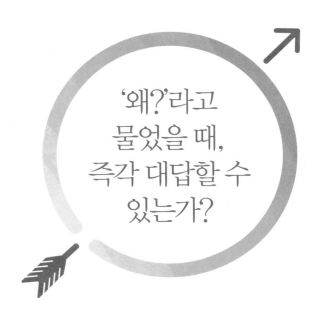

'왜?'라고
물었을 때,
즉각 대답할 수
있는가?

"왜 그렇게 생각해?"

"그 이유는 바로….”

컨설팅회사에서 근무하면서 가장 많이 오간 단어는 '왜'였다. 어떤 대화에서든 우리는 이 말이 습관적으로 나왔다. 어떤 생각과 의도를 가지고 말했는지 가장 알기 쉬운 방법이기 때문이다. 짧지만 의미 있는 한 글자에, 처음엔 나도 잘 대답하지 못해 종종 혼나기도 했다.

회사만이 아니라 일상생활에서도 이 단어는 의견이 엇갈리거나 하면 사용된다. 이때 어떤 대답을 하느냐에 따라 상대방에게 깊은 인상을 심어줄 수도 있고, 오히려 이미 준 좋은 인상까지 갉아먹기

| 취업, 이겨놓고 싸워라 |

도 한다. 그만큼 의사소통에서 중요하다. 물론 취업 또한 예외가 아니다. 나는 서류부터 면접까지 '왜'라는 단어가 얼마나 큰 비중을 차지하는지 직접 경험했다.

그날은 유난히도 우중충한 날씨였다. 비가 올 것도 같으면서 오지는 않고 구름만 잔뜩 낀 날이었다. 나는 도서관에서 홀로 취업 준비를 하고 있었다. 적막이 흐르는 주말이라 살짝 졸기도 했다. 그러다 느닷없는 핸드폰 진동에 화들짝 놀라 깨어났다. 친구가 술 한잔 하자고 연락한 것이다.

며칠 전 그는 고대했던 최종 면접에서 떨어졌다. 간절히 바란 합격이었는데 결과가 탈락이라 며칠간 집에 처박혀 나오지도 않았다. 그런 힘든 상황에 있는 터라 그의 요청을 거절할 수 없었다. 나도 숱하게 떨어져봤기에 그 심정을 이해할 수 있었다. 우리는 도서관 앞에서 만나 근처 술집으로 향했다.

그는 이번에 탈락한 기업을 오랫동안 준비했다. 정말 많은 시간을 투자했다. 쟁쟁한 경쟁자도 물리치고 최종 면접까지 갔다. 그런데 결과가 탈락이니 그 충격은 말로 할 수 없을 것이다. 떨어진 이유를 묻고 싶었지만 그럴 수 없었다.

그런데 그가 먼저 입을 열었다.

"내가 왜 떨어졌을 것 같아?"

나는 대답하지 못하고 머뭇거렸다. 그는 자기의 탈락 이유가 '왜 이쪽 분야에 지원했어요?'라는 질문에 답변을 못 해서 그런 것 같다고 했다. 그가 최종 면접에서 받은 질문이었다.

사실 그는 그 분야에 큰 관심 없이 지원했다. 그러다 운 좋게 서류가 통과되자 그때부터 온 힘을 다해 준비했다. 또 운 좋게도 면접에서 쟁쟁한 경쟁자도 없었다고 한다.

그러나 최종 면접에서 받은 그 질문에, 그는 처참히 무너졌다. 어느 정도 생각의 가닥은 있었지만 상대방을 이해시킬 만한 대답은 준비되어 있지 않았다고 했다. 술을 한잔 입에 털어 넣은 그는, 대뜸 내게 물었다.

"내가 왜 지원했느냐고 물어보면, 날 이해시킬 정도로 바로 대답할 수 있어?"

순간 나는 숨이 콱 막혔다. 뭐라고 이야기해야 할지 좀처럼 생각이 나지 않았다. 나름대로 하고 싶은 일까지 찾고 지원할 회사까지 정했는데, 충격적이었다. 지금이 면접이었다면 나는 곧바로 '탈락행 티켓'을 끊었을 것이다. 내게 실망감을 느꼈다. 친구는 나를 보며 취한 목소리로 "너도 똑같네!" 하며 슬픈 표정으로 웃어댔다.

나도 면접에서 '왜?'라는 질문을 수차례 받았다. 특히 전자공학과 학생이 그와 전혀 관계없는 컨설팅이나 해외 관련 분야에 지원했다는 것 자체가 의아해 보였을 것이다. 심지어 이 질문은 서류에도 교묘히 담겨 있다 '왜?'라는 질문을 다르게 표현한 것이 지원 동기 영역이다. 이때 어떻게 답변을 하느냐에 따라 성패가 갈릴 수 있다. 그러니 묻는 이를 이해시킬 수 있을 만한 이유를 정리한 후

142

글로도 옮겨봐야 한다. 즉각 대답이 나오지 않고 망설인다는 것은 "나는 고민해보지 않았어요!"라고 외치는 것과 다름없다.

그날 이후 나는, '왜?'라고 물었을 때의 질 좋은 답변을 글로 옮겨보려고 시도했다. 처음에는 그저 마음 깊숙이 생각으로만 간직하고 답변하면 될 줄 알았지만 턱 하고 막힌 나를 보고 체계적으로 정리해야 한다는 생각이 들었다. 하지만 막상 고민한다고 뭔가 딱 떠오르진 않았다. 언젠가 저런 질문을 받을 때 대답을 못 해 떨어진다는 상상을 하니, 마음이 복잡했다.

"여기는 왜 지원했나요?"

"그건…, 저기….."

아, 이런 상황이 오면 정말 최악일 것이다. 이러면 안 되지만, 부정적인 생각이 내 마음 한곳에 자리 잡았다. 그래서 이를 떨쳐내기 위해서라도 어떻게든 써보기로 했다. 하지만 두서없이 적은 답변은 나조차 이해할 수 없었다. 그래도 포기하지 않고 꾸준히 써보았다.

열심히 하다 보니 생각보다 좋은 결과가 나타났다. 별로인 답변들이 계속 모였지만 이리저리 조합하면 좋은 답변으로 만들어낼 수 있을 것 같았다. 그리고 막 써본 답변 중에서 두 가지 특성을 발견할 수 있었다. 하나는 '왜 이 회사에 지원했는지'에 대한 답변이었고 다른 하나는 '왜 이 직무에 지원했는지'에 대한 답변이었다. 그래서 지금까지 썼던 내용을 두 가지 특성으로 분류해보고 합당한 부분만 조합해서 답변을 만들어보았다.

그러자 나름대로 명쾌한 내용이 나왔다. 이 느낌을 잊어버릴세라 내가 정한 업계, 회사, 직무에 대한 조사 자료까지 접목해서 답변을 명확하게 다듬어냈다.

그렇게 미리 정리해놓은 답변을 서류 지원부터 면접 때까지 활용했고, 그 덕에 많은 관문을 통과할 수 있었다. 답변을 작성할 때 막상 떠오르지 않더라도 우선 무엇이든 써보길 권한다. 나중에 좋은 부분만 조합하면 되기 때문이다.

다음의 두 가지 방법을 따라 '왜?'라고 물었을 때의 답변을 준비해보자.

- 첫째, 이 회사에 왜 지원했는지 글로 옮겨보자. 이 질문에 대한 답을 준비할 때는 반드시 당신이 진입하고 싶은 업계와 연관 지어 작성해야 한다. 예를 들면 다음과 같다. '이 업에는 이런 이유로 관심이 생겨 알아보다가, 이런 연유로 이 회사에 들어가야겠다고 생각했습니다. 특히 타사 대비 이런 부분이 제 관심을 사로잡았습니다.'
- 둘째, 이 직무에 왜 지원했는지 적어보자. 이는 당신이 앞에서 찾아놓은 하고 싶은 일과 연관 지어 적어보면 된다.

잊지 말아야 할 점은 두 대답이 반드시, 남들이 이해할 수 있을 수준이어야 한다는 것이다.

'왜?'에 대하여 즉각 대답할 수 있도록 답변을 준비하자. 이후 도전할 취업에서 서류부터 면접 단계까지 유용하게 쓰일 것이다. 회사 지원 이유는 업계를 연관 지어 준비하고, 직무 지원 이유는 하고 싶은 일과 연관 지어 작성하자. 반드시 기억해야 할 것은 남을 설득할 수 있는 수준으로 작성해야 한다는 것이다.

그러면 당신은 서류나 면접에서 그 질문을 맞닥뜨릴 때 분명 '역전의 카운터펀치'를 날릴 수 있을 것이다. 특히 면접에서는 대답이 즉각 나와야 한다는 것을 명심하고 또 명심하자. 자칫 망설이는 순간 그 질문은 당신의 취업 목숨을 낚아챌 것이다.

영문 이력서는
선택이 아닌
필수다

　요즘 사물인터넷이 화두다. 웨어러블 기기를 비롯해 스마트 카, 스마트 홈 네트워크에 이르기까지 모든 기기가 하나로 연결된다는 콘셉트로 시장을 움직이고 있다. 잠재 고객사에서 이 주제와 관련해 내게 강연 요청이 온 적이 있어, 많은 사람이 이 주제에 관심이 있음을 확실히 느낄 수 있었다.

　하지만 아직은 안타까운 점이 많다. 사물인터넷의 진정한 가치는 비즈니스와 테크놀로지의 융합인데 이를 잘 인지하지 못하고 있다는 것이다. 두 가지의 융합적인 사고는 선택이 아닌 필수인데 말이다.

　그런 생각을 하다 예전 취업에 도전할 때 영문 이력서를 쓰던 일이 떠올랐다. 시장에서 사물인터넷에 대한 이해가 부족한 것처럼, 나도 한때 영문 이력서를 쓴다는 것에 대한 이해가 부족해 우여곡절을 겪었다.

내게 영문 이력서란, 그저 국내 기업을 지원한 다음 여유 있을 때한 번 도전해보는 정도의 존재였다. 유수의 외국 대학교 출신들만지원하는 것으로 생각했다. 영어를 '장난감 가지고 놀듯 하는 그런 사람들' 말이다. 이에 비해 나는 외국에서 살다 온 적도 없고 학교도 국내 출신이었다. 그렇기에 이력서를 영어로 쓰자는 것은 섣불리 내릴 수 없는 결정이었다. 본격적인 취업 시즌에 들어갔을 때국내 기업에 지원하는 것만도 정신없을 것 같았다.

그러나 하고 싶은 일을 기반으로 진입할 업계를 정하고 이에 속한 회사들을 찾아 지원하려는 흐름을 따르다 보니 영문 이력서가더는 선택적인 존재가 아니게 됐다. 그러면서도 여전히 내 마음속에 의구심은 남아 있었다. 영문 이력서를 쓴다고 서류에 통과나 할수 있을까 하는 걱정이었다.

하고 싶은 일을 해야 한다고 그토록 열심히 길을 찾았으면서 영문 이력서 작성을 꺼리다니, 모순적인 상황이었다. 모순을 싫어하는 대표 주자가 바로 나인데, 막상 나 자신이 그런 상황에 놓여 고민하고 있자니 심경이 복잡했다.

머리로는 당연히 써야 한다는 것을 100퍼센트 이해했다. 그러나마음이 90퍼센트 정도였다. 부족한 10퍼센트의 마음은, 서류부터 탈락할 확률이 높을 것 같다는 일말의 두려움에서 비롯됐다. 이 자그마한 10퍼센트가 행동으로 옮기는 것을 억누르고 있었다.

다시 초심으로 돌아가 내 취업 마음가짐에 대해 생각해보았다. 처음에 어떻게 결심하고 취업 방향을 정했는지 기억을 더듬어봤다. 기억의 파편들은 내가 찾기를 기다렸다는 듯이 고민의 무대에 등장했다.

그래, '원하는 것을 하자'고 다짐했었다. 내 마음 깊숙한 곳의 진짜 목소리를 잠시 잊고 있었다. 이 기억의 파편이 합세하여 90퍼센트의 마음이 어느덧 100퍼센트로 바뀌었다. '시도도 안 해봤는데 왜 못 한다는 생각부터 했을까?' 하며 나를 질책했다. 참 웃긴 일이다. 하고 싶은 것을 하자고 그토록 굳게 다짐했었는데, 자그마한 두려움 때문에 잊고 있었다니. 그렇게 나는 그때 그 다짐을 다시금 떠올리고, 영문 이력서를 작성해보기로 했다. 마음을 굳세게 먹었다.

당신도 한때의 나처럼 영문 이력서를 쓰는 것에 대한 두려움이 있는가? 그렇다면 '하고 싶은 일을 하자'는 생각을 마음속에서 다시 한 번 떠올려보자. 그러면 두려움이 사라질 것이다. 그리고 두려움이 없다는 건 취업에 가장 빨리 성공하는 방법이기도 하다.

영문 이력서는 반드시 써야 하는 존재다. 그저 두렵다고 안 한다는 생각은 취업하기 싫다는 말과도 같다. 그렇게 두려움을 없앤 나는 비록 쓰는 방법조차 몰랐지만, 우선 해보자고 결심하고 맨땅에

148

헤딩을 했다.

인턴 공고를 보고 제출했던, 내 첫 번째 영문 이력서는 누가 봐도 낄낄거리며 웃을 법하다. 내용에는 별로 신경도 쓰지 않고, 디자인을 하면 더 훌륭할 것 같다며 파란색 배경에 알록달록한 테두리 그리고 내 자필 사인까지 적어 넣었다. 아주 가관이었다.

심지어 나름대로는 잘 썼다고 생각도 했다. 그래서 당시 컨설팅에 대한 정보를 얻고 있던 인터넷 카페에 올려보기도 했다. 그랬더니 다음과 같은 댓글이 달렸다.

'이건 안 됩니다. 이상한 사람 취급받기 딱 좋습니다.'

순간, 양 볼이 뜨겁게 달아올랐다. 이런 것을 자랑이라고 올렸으니 얼마나 웃음보가 터졌을까 하고 생각했다. 쥐구멍이라도 있으면 들어가고 싶은 심정이었다. 이 서류를 받아본 인사 담당자는 얼마나 황당했을까. 색칠 범벅으로 무장된 이력서를 보고 웃다가 한심하다고 혀를 차지 않았을까? 분명 나도 그런 이력서를 받았다면 그랬을지도 모른다. 하지만 그 경험에서 중요한 점은 이것이다.

'해보지도 않았다면 계속 모르고 있었을 거라는 사실.'

똑바로 써야겠다며 마음을 가다듬고 영문 이력서 쓰는 방법을 본격적으로 연구했다. 시중의 영문 이력서 관련 책을 수십 권 모아놓고 하나하나 읽었다. 책을 계속 읽다 보니 내가 정말 아무것도 모르고 있었다는 생각이 들었다.

No. M 0001

Jason Choi

Address	○○○, ○○-dong, ○○-gu, ○○-si, ○○-do, Korea
Email	○○○.choi@gmail.com
Phone	010-5○6○4-9○○1

WORK EXPERIENCES

○○. ○○○○ – ○○. ○○○○	**Web Developer,** ○○○	**Seoul, Korea**
	· Developed ERP system using new technology of Acrobat with Adobe in cooperation	
	for certain companies which need a web-based ERP system	
	· Demonstrated the program at Adobe Acrobat Launch Show	
○○. ○○○○ – ○○. ○○○○	**Web and Editorial Designer,** ○○○	**Seoul, Korea**
	· Obtained an ability to make an attractive material for client satisfaction	
○○. ○○○○ – ○○. ○○○○	**Marketer,** ○○○	**Seoul, Korea**
	· Managed whole process of orders	
	· Achieved 137 contracts of sales partnerships with global software firms through the influence	
	of the working knowledge of design and development experiences	
	· Extended a market share of special software sales from 5% to about 40%	
	· Influence the company's sales growth	
○○. ○○○○ – ○○. ○○○○	**Founder,** ○○○ **(International software reselling company)**	**Korea**
	· Operated a business with the accumulated experiences of the above 3 fields	
	· Software bulk order contract with Domestic Leading Company in Heavy Industry	
	· Achieved a profit for start-up operation of the business	

EDUCATION

Mar.2004 – Present	○○○ **University**	**Suwon, Korea**
	· Priority major: Electronic Engineering , Double major: Business Administration	
	· Candidate for B.S degree, February 2011, GPA 3.6/4.5	

LEADERSHIP ROLES

○○. ○○○○ – ○○. ○○○○	**President,** ○○ **Club** (A club for cultural exchange with foreign students)
	· Organized 17 events of cultural exchange and 1 international food festival
	· Increased average participation rate from 20% to 65% by revitalizing the organization
○○. ○○○○	**Student Committee, Global** ○○ **Forum 2009**
	· Participated as conference evaluator
	· Took part in meeting and discussion about HR resources with presidents of world-class companies
○○. ○○○○	**Participant,** ○○ **Forum at** ○○
	· Received leadership education through domestic top players
	· Gave a presentation about leadership

EXTRA CURRICULAR ACTIVITIES

○○. ○○○○	**Master of ceremony, International Food Festival**
	· Participated as sequential interpreter
	· Took a leading role during the festival with 26 foreign booths and lots of guests
○○. ○○○○	**Team Leader, World Culture Exploration**
	· Visited Europe for a research of potential business items (Spain, Portugal)
	· Provided students useful information about business items (published in a book on campus)
○○. ○○○○ – ○○. ○○○○	**Team Leader, Policy Research Institute of the Grand National Party**
	· Made 3 discussions and 2 presentations about recent social issues with congressmen
	· Suggested possible action plans for plausible solutions

SKILLS AND OTHER INFORMATION

Languages	· Fluent in English and intermediate Japanese
Business communication	· Powerful presentation skill
Computer Skills	· Knowledge of C,HTML,ASP,PHP,LINUX,MATLAB,FLASH,Database and Ms-office
	· Professional design ability with Photoshop
Others	· Dancing, Singing, Cooking

Choi

APPLICANT

가장 큰 깨달음은, 영문 이력서는 엄격한 양식을 준수해야 한다는 것이었다. 그에 비해 내 이력서는 그런 기본적인 것조차 지키지 않았으니, 탈락은 어찌 보면 예견된 일이었다. 그리고 이력 하나에 간단명료하게 모든 상황과 결과를 집어넣어야 한다는 것에도 놀랐다. 심지어 한 줄의 문장에도 전략을 담아야 한다는 걸 알게 된 순간 첫 이력서는 정말 쓰레기에 불과했다는 걸 새삼 느낄 수 있었다.

그렇게 나는 수십 권의 책을 통해 영문 이력서 지식의 초석을 다져나갔다. 그렇게 몇 주가량을 집중한 끝에 결국 누구에게 보여줘도 나쁘지 않을 결과물을 만들어낼 수 있었다. 지원한 인턴의 서류 전형에서 합격도 했으니 훨씬 나아졌다는 것을 확신할 수 있었다. 그리고 책의 여기저기서 보이던 '영문 이력서는 한 장의 마법이다'라는 말의 진짜 의미를 깨달을 수 있었다.

이처럼 나는 수십 권의 책을 분석해 영문 이력서를 성공적으로 작성했고, 이후 인턴 합격이라는 좋은 결과도 얻었다. 당신도 영문 이력서를 쓰기로 마음먹었다면 예전 나처럼 맨땅 헤딩은 하지 말고 시중에서 파는 영문 이력서 책들을 사서 분석을 해보기 바란다. 많은 부분에서 실질적인 도움을 받을 수 있을 것이다.

그리고 영문 이력서는 생각보다 작성하는 시간이 오래 걸린다. 쓰는 방법을 잘 배웠다 해도 직접 쓰는 데 적어도 며칠은 걸린다. 한 장에 모든 전략과 자신만의 콘셉트를 집어 넣어야 하기 때문이다. 엄격한 양식부터 내용의 구성 그리고 문장 하나까지 간단명료

Jason Choi

+82-10-5o6o-9oo1 | ooo.choi@gmail.com | ooo, oo-dong, oo-gu, oo-si, oo-do, Korea

Education

Mar. 2004 –Present	ooo **UNIVERSITY** Primary: Electronic Engineering, Secondary: Business Administration	Suwon, Korea

- Candidate for B.S/B.A degree, expected in Feb.2012 | G.P.A. 3.58/4.5
- Recipient of academic excellence scholarship; Second Semester,2009

Work Experiences

oo. ooo –oo. ooo	ooo Intern	Seoul, Korea

Project: ooo **Transformation Design | Client:** ooo
- Researched best practices of global Telco companies(Vodafone, Telstra, etc)
- Analyzed client's business process to assist in suggesting new direction of Telco Business toward Global ICT
- Assisted in designing New FMC(Fixed Mobile Convergence) Model by producing key materials
- Assisted in integrating and monitoring project deliverables (Fit/Gap, RICEFW List, To-Be AA & I/F List)
- Leveraged various project documents to generate critical presentation materials

oo. ooo –oo. ooo	ooo, **Financial Services Committee & Industrial Cooperation Division** Researcher	Seoul, Korea

- Responsible for coordinating content for the EU-Korea business development section of the EU-Korea Investment Guide
- Evaluated 163 government organizations' business portfolios to recommend suitable investment opportunities to Europe companies and EU governments and inducing LOI / MOU
- Attracted ₩23,000,000 investment from 5 government institutions to promote Korea's tourist attractions to EU countries
- ** *Reference : Jean-oooo (Secretary General)*

oo. ooo –oo. ooo	ooo (Software Distribution Company) Founder/CEO	Seoul, Korea

- Generated ₩45,000,000 revenue by concluding a software sales contract with Hyundai Heavy Industry
- Raised a large amount of funds from a bank for the purpose of purchasing software
- Cut the prime cost through price negotiation with software providers and vendors

oo. ooo –oo. ooo	ooo (Total IT Solution Company) Strategic Sourcing Staff	Seoul, Korea

- Cut prime cost, kept delivery deadline and decreased lead time by establishing OEM system for software distribution
- Contributed to optimizing software supply chain through demand forecasting and timely inventory replenishment with global software business partners by sales data sharing and quantitative analysis to prevent bullwhip effect
- Concluded 136 contracts on sales partnership with global software providers so as to instantly fulfill the requirements of customers
- Augmented the market share of special software demands by 800% due to the product diversification

Extra Curricular Activities

oo. ooo	**Europe-Korea** oo, Volunteer

- Provided interpretation service as a volunteer for 2 large international events held by EU

oo. ooo	**Global** oo **Forum**(Davos Forum on HR Field), Volunteer

- Evaluated 1 special session(consist of 3 conferences) as session evaluator with world-class companies' top leaders
- Introduced as 'Future global leaders 60' at the Korea Economy Newspaper

oo. ooo –oo. ooo	oo **Club**, President (International club for cultural exchanges with foreign students)

- Increased average participation rate of members from 20% to 85% by organizing international cultural events
- Appeared on TV program held by UNICEF about foreign cultural exchanges

oo. ooo –oo. ooo	**Field Survey of Potential Business Item in Europe**

- Visited Spain and Portugal to explore potential business items and published a book on promising business items on campus

oo. ooo	oo **Leadership Course**

- Received leadership course from domestic top players
- Received the Excellence Award from the director of POSTECH Leadership Center for impressive presentation

SKILLS

- Fluent English and Intermediate Japanese
- Professional in MS-Office Toolkit, especially Excel
- Chinese Character Certification , Linux Master Certification

하고 깊은 인상을 줄 수 있도록 만들어야 한다. 그리고 한 번 완성했다고 해서 그대로 놔두면 안 되고, 개선할 부분이 보일 때마다 끊임없이 손을 봐서 더 질이 좋게 만들어야 한다.

영문 이력서가 한 장의 마법이라 불리는 이유는 다음과 같다. 보통 서류 담당자가 이력서를 보는 시간은 30초 정도 걸린다. 생각보다 엄청나게 짧지 않은가? 그 짧은 시간에 한 장으로 담당자를 설득하지 못하면 바로 쓰레기통으로 직행한다. 하지만 전략적으로 자신의 모든 것을 한 장에 담아놓는다면 당신은 분명 합격이란 결과를 맞이할 수 있다.

시중의 책들에 수많은 방법이 담겨 있지만, 그중 몇 가지를 간략히 소개하면 다음과 같다.

- 작성 전 나를 어떻게 표현할 것인지에 대한 고민이 필요하다.
- 영문 이력서의 초안을 작성해보자(영문이 약하다면 국문으로 초안을 작성하고 나중에 번역해도 된다).
- 길든 짧든 막 써놓은 다음 반드시 한 장으로 만들자(신입은 반드시 한 장으로 작성해야 한다).
- 각 이력은 SAR(Situation - Action - Result) 규칙을 준수하여 명료하게 작성하자. 이후 항목별로 내용이 논리적인지 검토하자.
- 참고로, 누군가 당신의 영문 이력서를 보고 몇 가지 질문할 수 있는 부분을 만들어놓는 것도 하나의 노하우다.

영문 이력서 준비는 선택이 아닌 필수임을 다시 한 번 기억하자. 쓰기 싫다는 마음은 과감히 쓰레기통에 던져버리자. 취업이 잘 되기 위해 준비하는 것임을 명심하자. 그렇게 하면 당신이 가진 귀찮음과 불안감을 없앨 수 있을 것이다.

쓰기 어렵다고 포기하지 말자. 책을 사서 배우든 가르쳐주는 곳에서 배우든 어떻게든 해야만 한다. 몇 가지 법칙만 알고 연구하면 당신도 충분히 쓸 수 있다. 영어를 못하는 이들도 반드시 쓸 수 있으니 걱정 말자. 선택이 아니라 필수인 영문 이력서를 잘 작성하여, 한 장의 마법으로 서류 담당자 눈에서 하트가 발산되게 하자.

취업 밥상에서는
편식하지 마라

어렸을 때 나는 몸이 몹시 허약했다. 늘 약을 달고 살았다. 그러나 지금은 건강해졌다. 어머니는 그런 나를 보며 음식 때문에 그랬을 거라고 말하곤 한다. 사실 어릴 적 나는 편식이 아주 심했었다. 그저 맛이 없어서가 아니라 생김새가 마음에 들지 않다거나 하는 이유 등으로 먹지 않는 음식이 참 많았다.

특히 내가 가장 싫어했던 것은 생굴이었다. 무엇보다도 모양이 마음에 들지 않았다. 그러나 부모님의 강한 권유로 억지로 한 개 먹어봤다. 그런데 생각보다 매우 맛있는 것이었다. 초장에 살짝 찍어 한 입 씹을 때마다 느껴지는 바다 냄새가 내 미각을 자극했다. 이 맛있는 것을 이때까지 왜 안 먹었을까 후회하며 잘 먹기 시작했다.

얼마 전 굴을 먹다 떠오른 기억이다. 내가 굴을 편식했던 것처럼 취업도 편식하는 사람들이 떠올랐다. 편식하지 않고 취업에 도전하면 엄청난 희열이라는 맛을 알 텐데.

대부분이 그러듯이 예전에는 나도 국내 기업과 외국계는 분리된 영역이라 믿었다. 그저 어느 한 곳만 준비해야 한다고 생각했다. 당시 내 주변 사람들도 다들 그렇게 여겼던 터라 관점을 바꿀 만한 계기가 딱히 없었다.

취업을 같이 준비하는 한 친구는 늘 자신을 '외국계 유형'이라고 말했다. 그런 것에도 유형이란 말을 붙일 수 있는지 몰랐다. 그는 칼퇴근이 가능하고 자유롭게 일할 수 있다는 것에 매력을 느낀다고 했다(실상은 절대 그렇지 않지만). 그래서 외국계 기업을 준비하겠다며 국내 기업들은 지원조차 하지 않았다.

여러 취업 서적을 살펴보아도 마찬가지였다. 국내 기업과 외국계 기업 모두를 다룬 책은 도무지 찾을 수가 없었다. 취업 포털도 외국계 기업 전용이 따로 있었으니까 말이다. 그러니 둘 다를 공략한다는 것은 생각하기가 어려웠다. 심지어 일전 만났던 한 취업 컨설턴트조차 내가 '외국계 기업은 어떻게 준비하면 되느냐'고 묻자 자신은 국내 기업 전문이라고 딱 잘라 말했었다. 그러저러한 이유로 외국계가 별도의 영역이라는 건 당연한 것으로 받아들여졌다.

그러나 하고 싶은 일을 찾고 지원할 회사까지 파악한 이후부터는, 이런 상황이 이상하게만 느껴졌다. 취업을 하는데 국내와 외국계를 왜 분리하는 것인지 도통 이해가 가지 않았다. 마치 두 마리 토끼는 잡기 힘들다는 분위기였다. 하고 싶은 일을 찾아 그 일을 할 수 있는 회사에 들어간다는 게 내가 다짐한 바였는데, 그렇지 않다는 뉘앙스를 풍기는 주변의 환경은 내게 혼란을 가져다주었다. 하나만 집중해야 하는 것이 맞는지 고민도 했지만, 양쪽 가리지 말고 다 써야 한다는 내 믿음을 저버리고 싶지는 않았다.

"영어 회화가 안 돼서 면접을 못 볼 것 같은데…"라고 말하는 지인도 있었다. '그건 서류부터 붙고 나서 생각해도 되지 않을까?' 하고 생각했다. 지금 우리는 취업을 준비하고 있지 않은가. 그런데 왜 '이게 안 돼, 저게 안 돼' 하며 스스로 한계를 짓는지 이해가 되지 않았다. 그냥 예상되는 답변을 전부 외워버리면 되는 것 아닌가. 그리고 정도에 차이가 있을 순 있겠지만 많은 대기업에서도 면접에서 영어 회화를 검증하는 상황이었다. 국내와 외국계에 둘 다 지원하면 합격 가능성이 그만큼 더 늘어날 텐데 말이다.

'외국계를 준비하는 것은 정말 무모한 발상인가?'

합격 가능성을 엄청나게 높일 수 있다는 생각에 외국계를 지원하고 싶은 마음 굴뚝 같았다. 하지만 계속되는 주변 환경의 압력 탓에 걱정을 떨칠 수 없었다. 내 주변 지인들, 취업 서적, 취업 사이트, 심지어 예전에 만났던 취업 컨설턴트까지 외국계는 다른 영역이라 단정 짓는 상황이었다.

처음엔 나도 그들과 같은 생각이었다. 하지만 하고 싶은 일을 찾고 나니 그 현상이 당연한 거라고 받아들일 수가 없었고, 분리해야 한다는 걸 도무지 이해할 수 없었다. 취업에 성공하려면 어떻게든 가능성을 높여야 하지 않겠는가 말이다. 하지만 변하지 않는 주변 환경 탓에 굳센 심지처럼 강한 생각이 주춤하기도 했다.

국내, 외국계 구분 없이 지원한다는 생각에 조금씩 두려움이 생겼다. 무리하다 하나도 지원하지 못하는 상황을 겪을 수 있겠다는 생각도 들었다. 세상은 '예'라고 하는데 나 혼자 '아니요'라고 하는 기분이었다.

그러던 어느 날이었다. 나와 같이 취업을 준비하는 지인이, 그날 따라 유난히 말 한마디마다 투덜대는 것이었다. 뭔가 나쁜 일이 있는 것 같아 굳이 물어보진 않았다. 그런데 듣다 보니 그의 말투가 누군가에게 오히려 속사정을 털어놓고 싶어 하는 것 같았다. 조심스레 무슨 일이 있는지 물었다. 마치 기다렸다는 듯이 그는 고민을 털어놓으며 이렇게 말했다.

"여기를 지원했어야 했는데 정말 아쉬워 죽겠다!"

그는 자신이 정말 못났다는 듯이 양쪽 입꼬리를 아래로 향하면서 또 말했다.

"하기야, 알고 있었다 해도 바로 지원할 수는 없었겠지만⋯."

지인의 이야기를 계속 들어보니, 그가 그러는 이유를 이해할 수 있었다. 그의 사정은 이러했다. 그는 국내 기업만을 지원하고 있었다. 그러다 보니 동종 업계 내 외국계 회사의 존재는 모르고 있었다. 애초부터 외국계 회사에 관심이 없었다. 그 이유에 대해 그는 '외국계는 다르니까'라는 말로 둘러댔다.

그러다 그는 뒤늦게 우연히 한 회사를 알게 되었다. 너무나도 끌리는 기업이어서 지원하려고 했다고 한다. 그곳은 바로, 그가 지금껏 관심조차 두지 않았던 외국계 영역에 있는 회사였다.

마침 채용 공고가 떠 있었다. 마감 날짜가 바로 그날이었다고 한다. 그 기회를 다시 만나려면 최소 1년은 기다려야 했기에 그는 급하게 지원해보려 했다. 그러나 영문 이력서도 없었고 이곳에 대해 조사조차 제대로 하지 못했기에 결국 지원하지 못했다. 그는 이 사실에 대해 미련과 후회가 많이 남는다고 했다.

나는 후회 가득한 얼굴로 한탄하는 지인에게 위로의 말을 건넸다. 동시에 나는 그를 통해 그간 고민해오던 부분을 말끔히 지울 수 있었다. 국내, 외국계 가리지 않고 모두 쓰는 게 맞는 전략이라고 확신했다. 둘 다 지원하는 것이 무모하다고 생각하는 그 자체가 더 무모한 생각이라는 것도 느꼈다.

'내가 바라보는 관점이 맞다!'

지인 덕분에 나는 확신하게 되었다. 지원하는 양상이 조금 다르다고 회피하다가는, 나중에 미련과 후회가 가득할 수도 있다고 판단했다. 한편으로 괜스레 흔들리며 고민했던 시간이 아까웠다.

그렇게 나는 그때의 확신을 가지고 국내 기업과 외국계 기업을 구분하지 않고 지원할 수 있었다. 후회하는 지인을 보며 이런 생각을 한 것이 미안하기도 했지만, 그때 그 계기가 없었다면 나는 계속 흔들리고 있었을 것이다.

기업을 지원할 때는 국내, 외국계 가리지 말아야 한다. 그저 본인의 취향에 따라 가려서 지원하는 것은 취업을 대하는 효과적인 방법이 아니다. 그리고 양쪽을 지원하는 게 무모하다고 생각하지도 마라. 미리 준비만 해놓으면 100퍼센트 소화할 수 있다. 그렇게 둘 다 지원하면 당신의 취업 확률은 대폭 상승할 것이다. 내가 직접 겪은 일이니 확실히 말할 수 있다.

취업 밥상에서는 편식하지 말아야 한다. 그러면 지원하는 영역이 대폭 넓어진다. 많이 지원하니 당연히 성공할 확률이 높아진다. 편식을 하면 정작 가고 싶은 기업이 있었음에도 놓칠 수 있다. 그러니 국내, 외국계 가리지 말고 업계라는 한 테두리 안에서 둘 다 지원하자.

| 취업, 이겨놓고 싸워라 |

근대에 와서 서양문명이 동양문명을 제압한

가장 큰 무기는 무엇이었을까.

여러분은 강화도 앞바다에 나타난 거함거포巨艦巨砲라고 말할지 모릅니다.

그러나 나는 알파벳 문장의 맨 끝에 찍힌

물음표가 아니었을까 하는 생각이 듭니다.

'?' 이 간단한 부호가 과학과 기술을 낳고 위대한 문학과 철학을

태어나게 한 부적이었던 것이지요.

· 이어령 《젊음의 탄생》 ·

4장

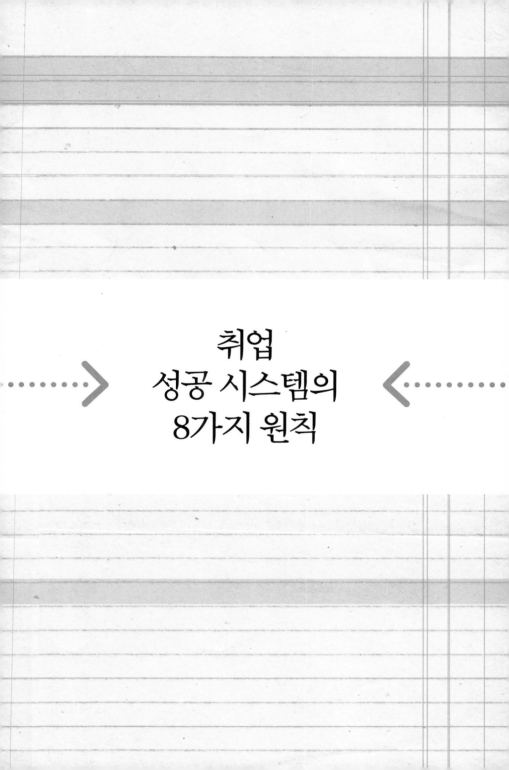

··········> 취업
성공 시스템의 <··········
8가지 원칙

취업 정보로
갑의 위치를
선점하라

　나와 친한 한 선배는 모임에서 늘 대화의 주도권을 잡는다. 그녀
의 한마디에 모두가 이목을 집중한다. 나는 평소 재미없다는 말을
듣는 터라 그 비결이 궁금했다. 그래서 그녀에게 방법을 물었다.

　그녀는 조금 웃긴 방법이라 하면서, 이야깃거리를 발견하면 노
트에 적어놓고 모임이 있을 때 하나 골라간다고 일러줬다. '대화의
갑인 데에는 다 이유가 있구나!' 하고 감탄했다. 그런데 이 사실을
아는가? 취업에도 갑이 되는 방법이 있다는 것을.

　수많은 회사에 지원하려 했던 나는, 누구보다도 취업 정보의 중
요성을 알고 있었다. 취업 시즌이 시작되기 전에 지원회사 목록을

만들어놓은 것도 그런 이유에서였다. 필요한 정보만 모니터링하기
위해서.

"취업은 정보 싸움이야. 다른 사람보다 더 많은 회사를 알면 취
업에 성공할 수 있어!"

나보다 먼저 취업에 성공한 선배가 학교를 떠나며 남긴 말이다.
동경했던 선배였기에 그의 말에 특히 귀를 기울였다. 그때부터 이
말은 나의 모토가 됐다.

'많은 회사를 알면 취업 강이 된다.'

내심 오지 않았으면 했던 취업 시즌이 본격적으로 시작됐다. 수
많은 회사의 채용 공고가 기다렸다는 듯이 우르르 쏟아져 나왔다.
앞서 숱한 과정을 거쳐 지원회사 목록까지 갖춘 나는 여유로운 마
음으로 채용 공고를 살펴보며 서류 제출을 준비했다.

그러나 여유는 잠시뿐이었다. 많은 회사를 지원하는 일은 생각
보다 만만치 않았다. 하루에 여러 곳에 지원하는 경우도 있다 보
니, 종종 지원회사들의 채용 정보들을 까먹기도 했다. 어떤 날은
채용 홈페이지 로그인 정보를 잊어버려 발을 동동 구르는가 하면,
어떤 날은 서류 마감일을 까먹어 채용 공고를 다시 뒤지곤 했다.
헛되이 소비한 시간을 메꾸려고 잠도 줄이면서 서류 지원을 했지
만, 이처럼 깜빡깜빡 하는 현상은 멈출 줄을 몰랐다. 그러다 심장
을 '쿵' 하고 울린 하나의 사건이 터졌다.

그날은 서류 마감을 앞둔 회사들이 유난히 많았기에 종일 정신이 없었다. 그래도 전부 끝내고 한숨 돌리며 지인과 커피 한잔을 마시고 있었다. 그러다 문득 한 회사가 떠올랐다. 작년에는 분명히 이맘때 떴었는데, 왜 아직도 공채 소식이 없는지 궁금해졌다.

호기심에 공고를 찾아보다 나는 도서관으로 달려갔다. 이미 며칠 전 공고가 나왔었고 심지어 서류 마감이 한 시간도 안 남았던 것이다. 순간 머릿속이 하얘졌다. 자책할 여유도 없었다. 온 신경을 서류 제출에만 집중했다.

다행히도 몇 분을 남기고 제출할 수는 있었다. 내용은 엉망이었지만. 씁쓸함이 밀려왔다. 공채가 있었는지조차 모르고 있었다니, 바보 같았다. 더는 이렇게 놓치면 안 되겠다고 생각했다.

이 사건을 계기로 나는 그저 많은 회사를 안다는 것으로 취업 정보의 갑이 될 수는 없음을 감지했다. 너무 많은 정보를 봐야 했기에 자주 채용 정보를 까먹고 회사 지원까지 놓칠 뻔했으니 말이다.

취업에 도전할 때 '그저 많은 회사를 안다는 것'은 오히려 독약이 될 수 있다. 하지만 많은 회사에 지원해야 한다는 건 변함없는 사실이다. 그래서 해결할 방법을 고민하기 시작했다. 초반부터 이렇게 사고가 있다 보니, 지원하는 서류 개수를 줄여볼까도 고민했다. 하지만 여기까지 밀고 온 내 신념을 통째로 배반하는 거라 생각했다. 다른 방법을 찾아야 했다.

우선 마음을 가라앉히고 더는 저지르면 안 되는 실수부터 점검해

| 취업, 이겨놓고 싸워라 |

보았다. 그 결과 두 가지만 지키면 이 사태를 해결할 수 있을 것 같았다. 하나는 '한 번 찾았던 정보는 다시 찾지 말자'는 것이었고, 다른 하나는 '공채 소식은 빼먹지 말고 꼭 알자'였다. 그러다 보니 이런 방법이 떠올랐다.

'한곳에서 채용 정보를 관리하고 시간을 지정해서
주기적으로 새로운 채용 정보를 모으면 어떨까?'

그 즉시 내가 관리해야 할 정보들이 뭐가 있는지 찾아봤다. 업계, 직무, 회사 정보는 가지고 있었다. 지원할 기업을 놓치지 않기 위해 채용 일자를 관리해야 했다. 모르는 게 있으면 바로 물어보기 위해 인사 담당자 연락처도 필요했다.

채용 사이트에서 로그인 정보를 까먹었던 기억도 떠올라, 채용 사이트의 주소와 로그인 정보도 관리하기로 했다. 나중에 자소서를 쓸 때 활용하기 위해서도 필요했다. 간혹 눈에 띄는 기업 관련 뉴스도 관리 대상에 포함했다. 이렇게 관리할 항목을 파악하고 이를 표로 정리해보았다. 눈에 훤하게 들어왔다. 그리고 얼마 안 돼, 상황은 확연하게 달라졌다.

먼저, 더는 채용 정보를 잊어버리지 않았다. 더불어 공채가 있는지조차 모르는 상황도 발생하지 않았다. 채용 사이트 로그인 정보도 굳이 머리에다 기억할 필요가 없었다. 급하게 물어볼 것이 있으면 곧바로 인사 담당자에게 연락해서 궁금증을 풀기도 했다. 적어놓은 인재상은 서류 작성 시 바로 참고할 수 있었다. 정말 많은 변화가 일어났다. 머릿속으로 기억했던 수많은 정보를 내가 만든 양식에다 위임해버렸기 때문이다.

한곳에서 정보를 관리하다 보니 정보를 수집하기도 훨씬 수월했다. 매일 아침저녁으로 취업 포털을 방문하여, 채용 소식이 있는 기업의 정보를 만들어놓은 양식에 채워 넣기만 하면 되니 무척 효율적이었다.

취업 정보로 갑의 위치에 선다는 것. 그것은 그저 많은 회사를 아는 것이 아니었다. 내가 다시 내린 '취업 갑'의 정의는 이러했다.

'정보를 한곳에서 관리하고 주기적으로 수집하는 것.'

취업은 정보 싸움이다. 우선 많은 정보를 알아야 많은 곳에 지원할 수 있다. 하지만 많은 정보를 가지고 있어도 다룰 수 없다면, 페라리를 타고 시속 100킬로미터도 못 밟는 것이나 다름없다. 지원할 모든 회사에 관련된 정보를 마음대로 써먹을 수 있어야 한다. 그래야 취업 시장에서 갑의 위치를 선점할 수 있다.

관리가 필요한 정보 항목은 다음과 같다.

'업계명, 회사명, 직무명, 채용 관련 일자,
인사 담당자 연락처, 채용 홈페이지 주소 및 로그인 정보,
기업 인재상, 뉴스 및 기업분석 자료 링크.'

| 취업, 이겨놓고 싸워라 |

정보 수집의 주기는 될 수 있으면 아침저녁으로 10분씩 잡자. 방문할 취업 정보 사이트를 미리 지정해놓으면 좋다. 될 수 있으면 정보가 겹치지 않게 몇 개를 선별하여 넓은 정보망을 구축하자. 다음의 예와 같이 구성할 수 있다.

- 국내 기업+외국계 기업(항목별로 1개의 사이트 지정하기)
  - 국내 기업: 독취사(cafe.naver.com/dokchi)
  - 외국계 기업: 피플앤잡 (www.peoplenjob.com)

취업 정보로 갑의 위치를 선점하자. 단순히 많이 알기만 해선 안 된다. 관리가 필요하다. 관리가 안 되면 예전의 나처럼 빈번히 까먹을 것이다. 심지어 지원하려고 했던 회사의 채용 소식조차 놓칠 수도 있다.

관리 방법은 수집할 정보 항목을 지정하고 한곳에 모으는 것부터 시작한다. 그리고 주기적으로 정보를 수집하자. 정보가 겹치지 않는 수준에서 방문할 취업 정보 사이트를 미리 지정해놓자. 그리고 이를 마음껏 유용하게 다루어보자. 그러면 어느 순간 당신은 취업 정보를 손에 움켜쥐고 자유자재로 활용하는 취업 갑이 되어 있을 것이다.

정보를 한눈에 파악하게 해주는 취업정보관리 양식

유형	업종	회사	직무	캠퍼스 리크루팅	서류지원 일자		인적성 일자		면접 일자			최종 발표일
					마감일	발표일	시험일	발표일	1차	2차	3차	
외국계/ 국내	지원 업종	지원 회사	리스팅시 선택한 직무명	N/A	N/A	N/A	N/A	N/A	N/A	N/A	N/A	N/A
국내	업종A	회사1	직무1	9/7	9/15	TDB						
국내	업종A	회사2	직무1	9/10	9/20	TDB						
외국계	업종A	회사3	직무2	9/10	9/21	TDB						
국내	업종A	회사4	직무2	9/12	9/24	10/19						
국내	업종A	회사5	직무3	9/10	9/11	TDB						
외국계	업종A	회사6	직무1	9/6	9/23	10/19						
국내	업종A	회사7	직무2	9/8	9/21	TDB						
국내	업종A	회사8	직무2	9/5	9/13	TDB						
국내	업종B	회사9	직무3	9/3	10/1	TDB						
외국계	업종B	회사10	직무1	9/11	9/19	10/19						
국내	업종B	회사11	직무1	9/21	9/18	TDB						
국내	업종B	회사12	직무3	9/7	9/15	TDB						
국내	업종B	회사13	직무3	9/7	9/15	TDB						
외국계	업종B	회사14	직무1	9/10	9/20	TDB						
국내	업종B	회사15	직무3	9/10	9/21	TDB						
국내	업종B	회사16	직무1	9/12	9/24	10/19						
국내	업종B	회사17	직무2	9/10	9/11	TDB						

연락처		Homepage	3가지 이유	기업 인재상	기업분석 및 기타
Contact.No.	Email				
인사담당자 전화번호	인사담당자 이메일	기업채용 홈페이지	이 회사에 들어가고 싶은 이유 3가지 기술	기업 홈페이지 접속후 인재상 부분 기재	기업분석관련링크/뉴스 기사링크/입사지원서 ID&PW정보/기타
		www.abc.com	- 이유 1: 예시입니다. - 이유 2: 예시입니다. - 이유 3: 예시입니다.	기업 인재상 예시	뉴스기사
		www.abc.com		기업 인재상 예시	면접 팁
		www.abc.com		기업 인재상 예시	뉴스기사
		www.abc.com		기업 인재상 예시	회원 정보
		www.abc.com		기업 인재상 예시	회원 정보
		www.abc.com		기업 인재상 예시	면접 팁
		www.abc.com		기업 인재상 예시	회사 정보
		www.abc.com		기업 인재상 예시	회사 정보
		www.abc.com	- 이유 1: 예시입니다. - 이유 2: 예시입니다. - 이유 3: 예시입니다.	기업 인재상 예시	뉴스기사
		www.abc.com		기업 인재상 예시	로그인 아이디
		www.abc.com		기업 인재상 예시	로그인 아이디
		www.abc.com		기업 인재상 예시	업계 동향
		www.abc.com		기업 인재상 예시	회사 정보
		www.abc.com		기업 인재상 예시	로그인 아이디
		www.abc.com		기업 인재상 예시	회사 정보
		www.abc.com		기업 인재상 예시	회사 정보
		www.abc.com		기업 인재상 예시	뉴스기사

시간이라는
무기를 날카롭게
사용하라

　오랜만에 친한 동생과 밥을 먹었다. 그는 요즘 한창 취업에 도전 중이었다. 표정을 보아하니 스트레스를 많이 받는 듯했다. 밥을 먹는 내내 한숨을 푹푹 쉬었다. 무슨 일인지 물었더니 그가 고민을 이야기했다.

　"요즘, 하루를 어떻게 보내는지 모르겠어요. 뭔가 열심히 하는 것 같은데 되돌아보면 뭘 했는지 모르겠어요. 계속 정신없는 일정에 치이다 보니 친구도 못 만나고, 생활이 엉망이에요."

　그는 허탈한 표정을 지으며, 계속 말을 이었다.

　"사는 게 사는 것 같지 않다고나 할까요? 도대체 내가 취업을 하는 건지 취업이 나를 어떻게 하는 건지 헷갈려요. 얼른 이 시간이

| 취업, 이겨놓고 싸워라 |

지나갔으면 좋겠네요."

　그의 속내를 들으며 나는 술 한잔을 시켜 위로의 말을 건넸다. 그러면서 문득 지금은 추억이라 부를 수 있는, 시간과 혈투를 벌였던 옛 기억이 떠올랐다.

　본격 취업 시즌이 시작된 시기는 4학년 2학기였다. 정말이지 내게 지옥과도 같던 날들이었다. 전자공학과와 경영학과를 복수전공하느라 마지막 학기임에도 18학점을 들어야 했고, 졸업논문도 한창 준비 중이었다. 더군다나 회사를 100개 정도 지원할 거라는 원대한 계획까지도 세워둔 채였다.

　이런 나를 본 지인들은 한 학기 더 연장해서 시간의 여유를 가지고 도전하면 어떻겠냐고 했지만, 그건 말도 안 된다고 생각했다. 당장 힘들 것은 알지만, 그래도 한 학기 연장은 죽기보다 싫었다. 지금까지 눈앞에 닥치면 어떻게든 해왔던 나 아닌가. 이번에도 할 수 있을 거라 생각했다. 그간 처절히 준비한 나름의 계획과 전략도 있고 말이다. 그러나 상황은 만만치 않았다.

　공채가 한창이던 어느 날, 그날은 유난히 바빴다. 수많은 과제와 5개의 수업 그리고 서류 지원 마감인 회사도 3개나 있었다. 엎친 데 덮친 격으로 몸 상태까지 별로였다. 시간이 날 때마다 묵묵히 내게 닥친 일들을 해나갔지만, 결국 회사 한 군데를 지원하지 못한 채 하루가 지나갔다. 체력의 한계로 몸살까지 나서 다음 날 병원에 가야만 했다.

쉬고 있어도 쉬는 것 같지가 않았다. '여기는 언제까지 지원해야 하지? 오늘은 해야 할 일이 뭐지? 내일은 뭘 해야 하지? 모레는? 다음 주는?' 끝없이 이어지는 생각으로 머릿속이 복잡했다. 친구와 만나도 마음이 괜히 불안했다. 수업과 과제와 회사 지원이 겹치기라도 한 날은 좀비처럼 걸어 다니기도 했다.

목표는 원대했으나 폭풍처럼 들이닥치는 할 일을 소화하지 못하는 내 몸, 무엇보다 쉬고 있어도 쉬는 것 같지가 않은 불안감이 나를 계속 못살게 굴었다. 이대로라면 분명 오기만 부리다 취업에 실패할 것 같았다. 내 그럴 줄 알았다며 비웃을 주변 사람들의 표정, 더 주름이 깊어질 부모님 얼굴이 떠올라 두려움이 점점 더해갔다.

이처럼 취업을 위한 나의 항해는 순탄치 않았다. 무엇을 하며 하루를 보내야 할지 명확히 떠오르지 않으니, 바쁘기만 하지 일정을 제대로 소화할 수 없었다. 체력의 한계로 지원해야 할 기업에 서류를 제출하지 못하는 경우도 있었고 쉬어도 불안하고 괴롭기만 했다. 그야말로 최악이었다.

여기서 한 가지 질문을 해보겠다. 당신은 이런 사태가 왜 일어났다고 생각하는가?

원인은 생각보다 간단했다.

'시간을 사용하는 데 문제가 있었다.'

| 취업, 이겨놓고 싸워라 |

바쁜 일정을 소화하려면 그만큼 시간을 날카롭게 써야 했는데, 무디게만 사용했던 것이다. 관리되지 않은 시간의 틀에서 무턱대고 일정을 강행함으로써 맞이한 쓸쓸한 결과였다. 만일 당신도 이런 상황을 겪고 있다면 시간을 날카롭게 사용해야 한다는 것을 기억하기 바란다.

나는 이런 원인이 시간에 있다는 것을 깨닫고 시간을 관리해보자고 결심하기에 이르렀다. 방법도 모르면서 뛰어다녔으니 정말 맨땅에 헤딩하는 꼴이었다. 무턱대고 덤비다 보니 무지막지한 서류 마감일들, 어마어마하게 쏟아지는 수업 과제, 곧 치르게 될 중간고사가 내 심장을 조여왔다. '빨리 방법을 만들어내야 한다'는 생각이 머릿속에서 계속 맴돌았다. 주변 사람들은 이런 나를 보고 '뭐하러 그렇게까지 시간관리에 신경 쓰느냐'고 비아냥 섞인 말투로 이야기하기도 했다.

계속 그런 말을 듣다 보니 두려워지기 시작했다. 밤을 새워가며 할 일을 해나가기에도 벅찬 상황인데 이 짓을 하는 게 맞는 건가 하는 생각도 들었다. 시간을 관리하는 방법을 만들어낸다는 목표에 시간을 쓰는 것 자체가 역설적으로 느껴지기도 했다. 하지만 시간관리만 잘하면 분명히 이 '사신 같은 시간의 늪'에서 벗어날 것 같다는 생각은 변치 않았다.

그러다 문득, 예전 인턴 시절 어깨너머로 봤던 몇 가지 도표가 머릿속을 스쳐 지나갔다. '타임 매니지먼트(Time Management)'라는 것이었다. 이것만 잘해도 프로젝트가 살아난다 하시던 상무님의 말이 기억났다. 그때 봤던 도표를 최대한 기억해서 나만의 시간관리 방법을 만드는 데 도전했다. 내가 지원할 회사들의 캠퍼스 방문일, 서류 마감일, 인적성 시험일, 면접일의 정보를 매일같이 몇 번씩 들여다보며 내가 오늘 해야 할 일부터 앞으로 해나가야 할 일을 통계로 만들어 정리하기 시작했다. '오늘은 서류 마감 세 개, 내일은 두 개' 같은 식으로 말이다.

그때부터 나의 일상에 놀라운 변화가 일어나기 시작했다. 가장 먼저 바뀐 것은 더는 체력에 부쳐 지원하지 못하는 기업이 생기지 않았다는 것이다. 앞으로 무엇을 해야 할지 알고 있기에 바쁜 시간대를 고려하여 전날이나 전전날에 다른 일을 미리 끝내놓기도 했다. 실시간으로 할 일과 해야 할 일을 점검할 수 있었기에 가능한 일이었다. 좀비처럼 도서관과 집만 왔다 갔다 하던 내게, 진정한 휴식 시간도 주어졌다.

무엇보다, 만들어놓은 시간관리 양식에 맡겨버리니 예전에는 쉬어도 떨칠 수가 없던 일정에 대한 생각을 말끔히 잊어버리고 쉴 수 있었다. 시간을 날카롭게 사용할 수 있게 된 것이다. 그날 할 일이 많으면 더 몰입해서 끝내고, 내일 할 일이 없으면 컨디션 관리를 위해 휴식을 취하거나 추가로 지원할 회사를 찾아보거나 하는 여유도 부릴 수 있었다. 서류와 인적성, 면접 그리고 수업 과제가 겹쳐도 무난히 해낼 수 있었다. 앞을 내다보고 할 일을 정할 수 있게 되니 시간에 쫓기는 두려움이 모두 사라졌다. 순식간에 바뀐 내 삶의 양상에 너무나도 감사할 따름이었다.

| 취업, 이겨놓고 싸워라 |

그렇게 나는 과감히 놀 수 있는 여유까지 부리며 도전할 수 있었다. '그때 만약 이런 관리방법을 만들지 않았다면 어떻게 됐을까?' 하는 생각이 요즘도 떠오른다. 아마도 무지막지한 일정을 감당하지 못하고, 취업에 실패한 이들과 함께 다음 학기를 바라봤을지도 모른다.

지금부터 당신도 시간을 날카롭게 사용해보라. 당신의 취업 문제만이 아니라 삶의 질이 변화됨을 느낄 수 있을 것이다. 다음과 같은 원칙을 기초로 시간을 날카롭게 관리하면 당신도 멋지게 변화할 수 있다. 내게 코칭을 받은 많이 이들이 변화했듯이 말이다.

- 첫째, 지원할 기업들의 '캠퍼스 방문일, 서류 마감일, 인적성 시험일, 면접일'을 기록해놓는다.
- 둘째, 일별로 어떤 일정들이 있는지 사전에 정리해놓고 매일 확인한다.
- 셋째, 2~3일 정도 앞을 내다보고 그날그날 할 일의 분량을 정해놓고 끝낸다(오늘이 월요일인데 수요일에 할 일이 많다면, '월, 화'에 분량을 더 가져가는 식이다).
- 넷째, 당일 할 일을 다 마쳤다면 모든 걸 잊고 쉬거나 추가로 지원할 기업을 찾아본다.

시간은 취업에 필수적인 무기다. 시간만 잘 사용해도 취업에 도전하는 일이 매우 수월해진다. 현재 할 일과 나중에 할 일을 명확

시간을 날카롭게 쓰도록 해주는 시간관리 양식 ||||||||||||||||||||||||||||||||||||||||||||||||||||||||||

	9월									
	9/8	9/9	9/10	9/11	9/12	9/13	9/14	9/15	9/16	9/17
캠리일정	0	0	0	0	0	0	0	0	0	0
지원 마감일	0	0	1	0	0	0	1	2	1	0
서류 발표일	0	0	0	0	0	0	0	0	1	0
인적성 일자	0	0	0	0	0	0	0	0	0	0
인적성 발표일	0	0	0	0	0	0	0	0	0	0
면접일 1차	0	0	0	0	0	0	0	0	0	0
면접일 2차	0	0	0	0	0	0	0	0	0	0
면접일 3차	0	0	0	0	0	0	0	0	0	0
합격 발표일	0	0	0	0	0	0	0	0	0	0

This Week Bar

||||||||||||||||||||||||||||||||||||||||||||||||||||||||||||||||||||||||||||||||||||||||||||||

9월												
9/18	9/19	9/20	9/21	9/22	9/23	9/24	9/25	9/26	9/27	9/28	9/29	9/30
0	0	0	0	0	0	0	0	0	0	0	0	0
1	4	3	0	2	3	1	1	2	2	0	1	2
0	0	0	0	0	0	0	0	0	0	0	0	1
0	0	0	0	0	0	0	0	0	0	0	0	0
0	0	0	0	0	0	0	0	0	0	0	0	0
0	0	0	0	0	0	0	0	0	0	0	0	0
0	0	0	0	0	0	0	0	0	0	0	0	0
0	0	0	0	0	0	0	0	0	0	0	0	0
0	0	0	0	0	0	0	0	0	0	0	0	0

히 인지할 수 있는 방법을 적용하여 시간을 날카롭게 사용하자. 그러면 힘에 겨워 해야 할 일을 못 하는 경우가 더는 생기지 않을 것이다. 무엇보다 심적으로 평온을 찾을 것이다. 관리를 효율적으로 하고, 점차 능숙해지면 취업 준비도 놀면서 여유롭게 할 수 있다.

1시간에는 1분이 60번 들어 있고, 하루에는 1,440번 들어 있다. 언제까지 당신의 황금 같은 시간을 여기저기 흘리고 다닐 것인가? 이제는 꼼꼼히 주워담아 날카롭게 만들 때다.

'Listen to my Heartbeat. It's beating for you.'

내가 즐겨 듣는 가수 2PM의 〈Heartbeat〉 노랫말이다. 2PM은 이 노래를 출시한 후 음원차트에서 1위를 차지하며 엄청난 인기를 누렸다. 가사 하나하나가 귀에 쏙쏙 들어오고 안무 하나하나가 눈에 쏙쏙 들어온다.

이 곡이 왜 그렇게 인기가 많았는지 정확한 이유는 모르겠지만, 내 생각에는 '직관적'이기 때문이 아닐까 싶다. 복잡하게 생각할 필요 없이 그대로 들을 수 있으니 말이다. 아무튼 어떤 것이든 직관적으로 볼 수 있다면 복잡한 고민을 덜어낼 수 있어 좋은 것 같다. 그래서 너나없이 이 '직관'이란 말에 매혹되나 보다. 직관적 디자인, 직관적 기능, 직관적 인터페이스 등 제품에서부터 직관적 통찰, 직관적 사고, 직관적 의사결정 등 정신적인 부분까지 우리 실생활에 널리 퍼져 있다. 그만큼 유용하니까 그렇지 않을까 싶다. 취업에도 직관을 붙이면 유용해지듯이 말이다.

"참, 예전 떨어진 거기, 너는 붙었었어?"
친구가 내게 물었다.
"뭐? 어디…?"
그는 의아하다는 듯 다시 물었다.
"몰라?"
나는 이유를 최대한 간단히 설명했다.
"지원한 곳이 많다 보니까, 하도 떨어지는 게 많아서 종종 헷갈려. 아…, 나도 떨어졌네."
메모해둔 걸 보니 '탈락'이라고 되어 있었다.
"야 그냥 잊어버리고, 술이나 마시러 가자!"
수많은 서류를 쓰다 보니 많이 붙기도 했지만 떨어지는 곳도 많았다. 붙었지만 못 간 곳도 많았다. 서류는 합격했지만 인적성 시험이 겹치거나 면접일이 겹쳐서 말이다. 지원회사들 중 더는 진행이 불가한 곳들의 개수는 늘어만 갔다.
그런 회사들이 쌓이고 쌓이니 몇 가지 문제가 생겼다. 일전에 만든 취업정보관리 양식에서 어디가 진행 중이고 어디가 진행 예정이며, 더는 진행 불가한 곳이 어딘지 파악하기가 어려웠다. 특히

| 취업, 이겨놓고 싸워라 |

현재 진행 중이거나 앞으로 진행 예정인 회사들보다, 신경 쓸 필요도 없는 진행 불가 회사들이 내 신경을 붙들어놓았다. 못 간 회사들을 볼 때마다 아쉬운 감정이 물밀듯이 밀려왔다.

문제는 여기서 끝이 아니었다. 진행 불가 회사들을 계속 보다 보니 부정적인 감정이 생기기 시작했다. 그리고 이들은 진행 중이거나 진행할 회사들에 대해 불안이란 감정을 느끼게 했다. 탈락한 회사처럼 되지는 않을까, 분명히 이 중에서도 붙었는데 못 가는 회사가 생기겠지 등의 필요 없는 생각들이 마음 한구석에 둥지를 틀었다. 그러면서 점차 '포기하지 않고 지원한다'는 내 취업 의지를 좀먹기 시작했다. 계속 떨쳐내려고 할 때마다 되레 찰거머리처럼 달라붙었다. 답답함을 느꼈다. 목표만을 바라봐도 모자랄 판에 이런 생각들이 비집고 들어오다니.

취업에 도전하다 보면 도중에 탈락하거나, 붙어도 다른 회사의 일정과 겹쳐서 못 가는 경우가 비일비재하다. 그러나 그런 곳들을 계속 떠올리면 정신적으로 좋지 않다. 특히 붙어도 못 간 회사는 생각할 때마다 아쉬움만 생기기 마련이다. 겹친 일정 탓에 하나를 포기하고 다른 곳에 갔는데 거기서 탈락이라도 하면 씁쓸함은 배가된다.

이런 감정들은 당신 머릿속에서 과감히 떨쳐버려야 한다. 생각이 나지 않을 정도로 잊어야 한다. 그리고 오로지 진행 중이거나 앞으로 진행 예정인 회사들만 생각해야 한다. 그래야 당신의 목표만을 정확히 바라볼 수 있다.

떨어지고 못 간 회사들이 나를 정신적으로 괴롭히는 바람에 속이 상했다. 그래서 나는 친한 선배에게 이 고충을 털어놓았다. 그러자 그 선배가 이렇게 답했다.

"그냥 쿨하게 잊어버려. 눈에 보이니까 더 그런 거 아니야?"

상당히 일반적인 조언이었다.

"네, 쿨하게 그래야죠…."

별수 없이 답했다. 그래도 고민을 털어놓을 수 있다는 게 어딘가 싶었다.

"그래 너무 신경 쓰지 마. 잘 될 거야."

선배는 내게 위로의 말을 건넸다. 나는 짧은 인사로 답했다.

"네…. 고마워요, 형."

참고로, 그는 이미 취업에 성공한 직장인이었다. 그도 지원한 곳에 떨어지고 매일같이 술을 퍼마시며 슬퍼했던 시절이 엊그제 같은데 이제는 잊은 듯해 보인다. 물론 잊는 게 당연하지만.

쿨하게 잊는 것, 그게 말처럼 쉬우면 이러지 않았을 것이다. 그러다 문득 '눈에 보이니까'라는 그의 말이 다시 떠올랐다. 그리고 내가 사용하고 있는 취업정보관리 양식이 떠올랐다. 그래, 눈에 보이지 않게 하면 되는 것 아닌가? 목록에서 지워버릴까 생각도 했지만, 동종 업계 내 다른 회사를 지원할 때 분명 참고할 수 있는 자료이기에 지우는 건 좋은 방법이 아니었다.

| 취업, 이겨놓고 싸워라 |

'회사마다 진행 상태를 분류해놓으면 되지 않을까?'

순간 떠오른 이 아이디어를 반영해보기 위해 양식에 열 하나를 추가하여 회사마다 진행 상태를 기록하기 시작했다. 탈락한 곳과 가지 못한 곳들은 '불합격'으로, 그리고 나머지는 각각 '진행 중' 그리고 '진행 예정'으로 표기했다. 그리고 각 회사의 상태가 변경될 때마다 그에 맞게 상태를 변경했다. 그리고 이미 불합격이 결정된 회사들은 눈에서 보이지 않게 감춰버렸다.

그렇게 바꿔보니 서서히 변화가 일어나기 시작했다. 먼저 나를 가장 괴롭혔던, '가지 못한' 회사들이 더는 떠오르지 않았다. 탈락한 회사들도 마찬가지였다. 눈에서 보이지 않으니 생각도 멀어지기 시작했다. 불합격이라고 상태를 표시하는 그 순간은 씁쓸함을 느끼곤 했지만, 그 순간뿐이었다. 내 발목을 잡고 있던 부정적인 생각들이 어느새 그 손을 놓아주었다. 너무 사소한 조치라서 큰 기대는 하지 않았는데 뜻밖이었다. 시각적으로 보이지 않게 하는 것만으로 이렇게 큰 효과가 나타날 줄은 정말 몰랐다. 그저 의지만으로 부정적인 생각을 떨치기란 어렵다는 것도 새삼 깨달았다.

진행 중이고 진행 예정인 회사가 한눈에 보이니, 이전보다 목표가 훨씬 명확하게 잡혔다. 신 나게 지원하면서 신 나게 탈락도 했지만, 오직 목표만을 바라볼 수 있었고 한 걸음 한 걸음 고지를 향해 나아갈 수 있었다.

취업 지원 중에는 취업 상태를 관리하는 것이 좋다. 그러면 직관적으로, 현재 진행 중인 회사와 앞으로 진행할 회사만 볼 수 있기 때문이다. 간단한 것 같지만 이 하나가 당신의 목표를 이루는 데 예상외의 도움을 준다. 당신이 가지고 있는 지원회사 목록(취업정보관리 양식과 같은 의미로 보자)에서 각 회사의 진행 상태를 표기하자. 그 후 불합격인 회사들은 눈에서 보이지 않게 감춰버리자. 눈에서 멀어지면 마음도 멀어진다는 말은 여기서도 통한다. 그러면 불합격 회사들에 대한 집착과 아쉬움이 사라지므로 목표만 바라본 채 포기하지 않고 나아갈 수 있다.

다음의 방법을 참고하자.

- 첫째, 당신이 가진 지원회사 목록에 하나의 열을 추가한다(지원회사 목록을 포함한 취업정보관리 양식에 적용하자).
- 둘째, 탈락하거나 못 간 회사들은 '불합격'으로, 진행 중인 회사는 '진행 중'으로, 앞으로 채용 공고가 뜰 회사는 '진행 예정'으로 기록하자. 그리고 상태가 바뀔 때마다 그 즉시 반영하자.

취업의 하트비트를 관찰해서 직관력을 업시키자. 진행 중이거나 진행할 회사만 보아야 한다. 떨어지거나 못 간 회사들은 생각의 흔적을 지워버려야 한다. 그래야 목표를 향해 나아가는 데 부정적인 영향을 받지 않는다.

| 취업, 이겨놓고 싸워라 |

단순히 생각을 안 하려는 의지만으론 부족하다. 우선 눈에 띄지 않아야 한다. 그래야 직관적으로 목표만을 바라보게 된다. 또, 그래야만 부정적인 생각들이 당신을 떠날 것이고 오직 목표를 향해 힘 있는 걸음을 내디딜 수 있을 것이다. 오직 목표만 보기, 이는 취업을 성공시키는 '소프트 스킬'이다.

서류는 맹수처럼
먹어치워라

"대표님은 어떻게 그토록 많은 서류를 쓰실 수 있었어요? 저는 한 개만 쓰는 데에도 하루가 다 지나가던데….."

사람들은 내게, 어떻게 하면 그렇게 많은 서류를 깊이 있게 쓸 수 있었느냐고 묻곤 한다. 특히 수없이 많은 글을 채워 넣어야 하는 국내 기업의 서류에 대해서 말이다. 그럴 때마다 나는 맹수의 사냥법을 설명한다.

"맹수는 수많은 사냥감 가운데 먹음직스럽고 만만한 목표물을 찾습니다. 그러고는 기회가 올 때까지 준비태세를 갖추죠. 그리고 어떻게 공격할지 생각한 다음 기회가 왔을 때 순식간에 사냥합니다. 치밀한 준비와 어떻게 하겠다는 원칙과 계획이 없다면 배를 곯아야겠죠."

미리 준비해놓는다는 것과 어떻게 하겠다는 원칙을 적용하는 것, 취업에서 서류를 맹수처럼 먹어치우는 방법의 핵심 단서다. 잠시 인턴에 지원하던 시절로 돌아가겠다.

대기업 인턴에 지원하려고 서류를 작성할 때의 나는 정말 느림보 거북이었다. 서류 하나 쓰는 데 온종일 걸리는 것은 기본이었다. 잘 써지지 않는 날은 며칠 동안 끙끙댔다. 매번 제출할 때마다 온몸에 진이 다 빠졌고 얼굴은 항상 누렇게 떴다. 채용 사이트에서 서류 작성 페이지를 열었을 때의 숨이 턱 막히는 그 기분은 지금까지도 너무나 생생하다. 그때는 정말 무차별하게 시간을 소비했다.

서류 작성은 인적 사항을 쓸 때부터 늘어지기 시작했다. 얼핏 알것 같지만, 정확하게 쓰기 위해서는 찾아봐야 하는 항목들이 많았다. 얼핏 사소하게만 보이는 학교 졸업일부터 문제였다. 몇 월에 졸업했는지는 알고 있었지만 며칠인지까지는 기억이 안 나기 때문이다. 그래도 정확히 적어야 하니 난생처음 고등학교, 대학교 졸업 기록까지 찾아봐야 했다.

특히 가장 시간이 오래 걸린 것은 '군번'을 작성할 때였다. 군번이 도통 기억이 안 나는 것이다. 그래서 병무청 사이트에서 찾아보려 하니 웬걸, 공인인증서가 필요했다. 서류는 빨리 써야 하는데 짜증이 치솟았다. 대외 경험이란 항목도 한몫했다. 정확한 날짜가 잘 기억이 나지 않아 찾아보는 데 시간이 상당히 걸렸다. 얼른 서류를 제출하고 쉬고 싶은데 잔챙이 같은 항목들이 나의 휴식을 막고 있었다.

이 정도는 양반이었다. 자소서 페이지를 열었을 때는 그냥 손을 놓고 싶었다. 특히 한 항목별로 1,000자씩 적어야 하는 자소서가 있었는데, 그걸 봤을 땐 앞이 깜깜했다. 넓디넓은 빈칸을 무엇으로 채워 넣어야 할지 막막하기 그지없었다. 어떻게든 꾸역꾸역 써놓고, 잘 썼는지 읽어봤다. 하지만 나조차 이해할 수 없는 내용이 가득했다. 지우고 고쳐 쓰기를 여러 번 반복했다. 얼마나 진이 빠지든지 '마음에 안 들지만 그냥 제출해버릴까' 하는 생각도 수십 번 했다.

시간은 나를 약 올리듯 휘파람을 불며 잘도 흘러갔다. 복장이 터졌다. 다가오는 서류 마감은 마치 사신이 시계를 힐끗 보며 탈락이란 낫을 서서히 내 목에다 걸쳐놓는 기분이었다. 그렇게 막막하고 짜증만 나던 순간이었다.

그러다 문득 이런 생각이 들었다. '이후 본격적인 취업 시즌이 닥치면, 지금과 달리 수많은 서류를 내야 한다. 그런데 이렇게 느림보 거북이처럼 쓰다가는 압박감에 정신 줄을 놓아버리지 않을까?' 그러니 그 시기가 닥치기 전까지, 최대한 시간을 줄일 방법을 마련해야 했다.

이처럼 나의 초창기 회사 도전은 고작 서류 하나에 온 감정과 기력을 소진하던 나날이었다. 나만 그런 게 아니다. 대부분의 취업 준비생이 이런 고통을 겪으며 서류를 작성한다. 당신도 이에 속한다면 공채 시즌에 많은 곳에 지원하기는 어려울 거라고 봐야 한다. 몸이야 아무리 피곤해도 견딜 수 있지만, 심적 에너지가 바닥나면 정말이지 손가락 하나 까딱하는 것도 어려워진다.

당시 그런 상황을 숱하게 겪어 진절머리가 났던 나는, 공채 시즌 전까지 반드시 뭔가 방법을 마련해놓아야겠다고 결심했다. 그래서 탄생한 것들이 앞서 소개한 인적 사항과 성공 사례였다. 고민에 고민을 거듭해 미리 써놓았기에 바로 활용할 수 있었다.

그렇게 고민하며 마련해놓은 것들 덕분에 서류를 빠르게 쓸 수 있는 준비는 어느 정도 된 듯싶었다. 특히 사전에 작성해놓은 인적 사항은 '복사, 붙여넣기'만 하면 되니 시간을 많이 절약하게 해주었다. 그러나 여전히 자소서는 시간을 좀더 단축할 방법이 필요했다. 기업 인재상을 조사해서 써놓은 성공 사례를 좀더 효율적으로 활용하는 방안이 있을 것 같았다.

고민이 필요했다. 여러 기업의 작년도 자소서 항목을 다시 한 번 들여다보니 성공 사례에 해당하는 항목 말고도 다른 몇 가지가 더 보였다. 자소서에 들어가야 할 항목들을 총체적으로 정리해보았다. 그렇게 정리하고 나니 지원 동기, 장단점 그리고 생활신조 같은 일반 항목들과 성공 사례를 활용해서 쓸 수 있는 주요 항목들로 분류할 수 있었다. 우선 일반 항목부터 미리 작성해보았다.

지원 동기는 쉽게 쓸 수 있었다. '왜 여기인가'에 대해 예전에 거듭된 고민을 통해 써놓은 것을 활용했다. 장단점과 생활신조는 미리 작성했다. 가장 난관이었던 것은 성공 사례를 이용해서 자소서 항목을 빠르게 쓰는 것이었다.

'문제에 직면 시 해결한 경험을 기술하시오.'

막상 이런 질문을 맞닥뜨리니 성공 사례를 어떻게 응용해야 할지 몰라 갑갑해졌다. 분명 연결고리를 만들 수 있을 것 같았는데. 그러다 문득 다음과 같은 생각이 스쳐 갔다.

'자소서 항목에 결맞은 인재상을 찾은 다음,
이에 해당하는 키워드를 가진 성공 사례를 채워 넣으면 어떨까?'

잽싸게 자소서 질문 항목에 어울리는 인재상을 찾아보았다. '목표를 가지고 끊임없이 노력한다'는 식의 문구였다. 내 성공 사례 중 '노력'이라는 키워드가 보였다. '자기혁신'이란 키워드도 어울렸다. 이 두 가지 키워드에 해당하는 성공 사례를 그대로 가져다 붙여보았다. 그럴싸했다. 미리 고민해서 써놓은 터라 내용의 깊이는 두말할 것도 없었다. 그 후 회사명이 들어가는 부분만 이름을 바꾸면 완성이었다.

이렇게 벽돌을 맞추듯이 다른 자소서 항목들도 시도해보았다. 그러자 순식간에 자소서가 완성되었다. 작성하는 시간도 짧을뿐더러 내용도 깊은 수준이었다.

그렇게 나는 이후 본격적인 취업 시즌에서 서류를 작성할 때 항상 이 방법을 적용했다. 결국 수도 없이 많은 자소서를 먹어치울

192

수 있었다. 더불어 수십 개의 서류가 통과되는 기쁨까지 누릴 수 있었다. 치밀한 준비로 순식간에 자소서를 쓰고 결과도 좋으니 막혀 있던 가슴이 뻥하고 뚫리는 기분이었다.

나는 서류를 작성할 때 결코 한 시간이 넘어가는 법이 없었다. 그렇게 써낸 서류로 최종 면접까지 가기도 했다. 그렇게 할 수 있었던 것은 앞서 철저하게 준비해온 재료들이 있었고, 수많은 고민을 통해 만든 효율적인 방법을 적용했기 때문이다. 당신도 이 방법을 따르면 분명 순식간에 서류를 작성하고 내용까지도 만족시킬 수 있을 것이다.

다음의 설명을 참고하자.

- 첫째, 인적 사항은 미리 써놓은 것을 가지고 그대로 '복사, 붙여넣기' 하자.
- 둘째, 자소서의 지원 동기는 일전 작성했던 '회사, 직무의 지원 이유'를 그대로 활용하자. 장단점이나 생활신조는 미리 써놓자.
- 셋째, 자소서의 주요 항목들은 해당 기업의 인재상 중 어울리는 것을 찾은 다음, 그 인재상에 맞는 키워드를 가진 자신의 성공 사례를 붙여넣고 다듬기만 하자.

서류를 맹수처럼 먹어치우는 방법의 핵심은, 재료들을 사전에 철저하게 준비해놓고 원칙에 따라 그대로 적용하는 데 있다. 마치 맹수가 철저하게 준비태세를 갖추고 공격 원리를 생각해 순식간에 사냥감을 덮치는 것처럼 말이다.

당신도 수많은 기업을 지원할 계획을 가지고 있다면, 하나의 서류를 쓰는 데 절대로 많은 시간을 소진해서는 안 된다. 좀 세게 말하자면 '찍어내듯이' 서류를 완성해내야 한다. 동시에 깊이 있는 내용을 담아서 말이다.

빠른 속도로 깊이 있는 내용을 담은 서류를 제출하고, 합격까지 거머쥐는 방법이 바로 지금까지 설명한 내용이다. 비결은 철저한 준비와 원칙 적용에 있다. 자, 서류를 맹수처럼 먹어치울 준비가 되었는가? 그러면 사냥은 말 그대로 순식간이다.

외국계 기업은 카멜레온처럼 사냥하라

　하루 일을 마치고 집에 들어와 TV를 켰다. 마침 〈내셔널 지오그래픽〉 방송이 한창이었다. 동물이 나오는 프로를 좋아하는 나는 심심할 때 이 채널을 즐겨 본다. 그날은 마침 카멜레온이 나왔다.

　방송을 보며 나는 카멜레온이 사냥의 귀재라는 생각이 들었다. 카멜레온은 몸 색깔을 바꾸는 기술로 주변 환경에 자연스레 섞이는 비상한 능력을 발휘한다. 사냥 중에는 나뭇잎 색으로 변하거나 나무줄기 색으로 변신해서 지나가는 먹잇감을 낚아챈다. 위험 상황에도 이와 같은 방법으로 천적의 공격에서 빠져나간다. 심지어 판다 카멜레온은 싸울 때 원래의 초록색에서 완전히 다른 주황색으로까지 색을 바꾼다고 한다.

문득 동질감이 느껴졌다. 현재의 나 자신이 아니라 예전의 내 모습과 말이다. 취준생 시절 외국계 회사에 지원할 때 내가 써먹은 방법과 카멜레온의 변신은 정말 비슷한 면이 있다.

이미 써놓은 영문 이력서도 있겠다, 나는 지원하려는 회사의 공고가 나오기만을 기다리고 있었다. 수없이 고치고 고쳐 잘 다듬어 놓은 내용에다 인턴에 합격한 경험도 있었기에 내 이력서에 어느 정도 자신감이 있었다. '공고가 나오기만 해봐라. 반드시 통과해주마' 하면서 매의 눈으로 취업 포털을 주시했다.

나와 함께 취업에 도전했던 지인은 외국계 회사에 관심이 아주 많았다. 그도 자신의 이력서를 수없이 다듬었다고 했다. 그의 취업 전략은 이러했다. 업종이나 직무는 상관없으니 상당수의 외국계 회사에 지원하기, 공고가 뜨자마자 준비된 이력서를 가장 빨리 제출하고 인사 담당자 눈에 가장 먼저 띄어서 서류에 통과하기였다. 간혹 선착순으로 서류를 받고 마음에 드는 이가 있으면 그 즉시 공고를 마감하는 회사들도 있었기에 외국계 입사 자체로만 봤을 때 어느 정도 이해는 됐다.

그 후 외국계 회사의 채용 공고가 하나둘 나오기 시작했다. 기다렸다는 듯이 그는 뜨는 족족 서류를 제출했다. 얼마나 빨리 지원했는지, 눈 깜짝할 사이에 여러 곳에 이력서를 제출했다. 그렇게 그의 외국계 지원은 순조롭게만 진행되는 듯했다.

그러던 어느 날이었다. 그가 언짢은 목소리로 내게 술을 한잔 하

196 | 취업, 이겨놓고 싸워라 |

자고 했다. 술잔을 기울이며 그는 취업이 참 어렵다고 하소연했다. 지원했던 외국계 회사들은 거의 떨어졌고 그나마 붙었던 한 군데서 면접을 봤는데, 정말 최악이었다고 했다. 면접이 시작되고 얼마 지나지 않아 담당자가 이렇게 말했다 한다.

"여길 지원하신 이유가 뭐예요? 급하다 보니 우선 불렀는데 지원자분의 이력이 저희랑 맞지 않는데요?"

일대일 면접이라 많은 질문이 오갔다는데, 왠지 모르게 담당자가 이력서를 살펴보며 연신 고개를 갸웃거렸다고 한다. 결국 그는 면접에서 탈락했다.

그의 말을 듣고, 내가 몇몇 회사에서 서류 전형에 탈락한 데에도 그와 같은 이유가 있었던 건 아닐까 하는 걱정이 됐다. 그러다 이런 말이 뇌리를 스쳐 갔다. 한때 이력서를 만들면서 숱하게 봤던 말이지만 도통 와 닿지 않았던 그 말, '톤을 바꿔서 쓰라.' 내 이력서에도 문제가 있다고 생각했다. 당시는 톤을 바꾼다는 말을 이해하지 못하고 그냥 넘어갔기 때문이다.

톤을 바꿔서 쓰라는 말은 같은 이력서라도 지원하는 회사에 따라 다른 느낌으로 구성하라는 의미다. 나와 내 지인이 간과했던 것처럼, 외국계 회사에 도전하는 많은 이들이 하나의 톤으로만 되어 있는 영문 이력서로 여러 업계의 회사에 지원한다.

지원하는 회사에 어울리지 않는 톤을 가진 이력서는 오히려 독이될 수 있다. 간혹 면접에 불려가도 당신이 쌓아온 이력에 인사 담당자가 의구심을 품을 수 있다. 즉, 같은 이력서라도 지원하는 곳에 따라 다른 색을 입혀야 한다는 것이다.

예전, 영문 이력서를 작성할 때 참고했던 책들을 다시 펼쳐보았다. 이번에는 전체적으로 보기보다는 톤과 관련된 내용만 유심히 찾아보았다. 역시 사람 눈엔 보고 싶은 부분만 보이나 보다. 예전에는 보이지도 않았던 내용이 하나둘씩 눈에 띄기 시작했다.

처음 보인 것은 이력을 배열하는 순서에 관한 것이었다. 가만 보니 컨설팅회사를 위주로 작성했던 내 이력서는 대부분이 컨설팅에서 중요시하는 부분에 맞춰져 있었다. 예전 인턴을 할 때 다른 인턴을 뽑기 위해 이력서를 확인하던 인사 담당자의 모습이 떠올랐다. 위에서부터 읽어내려 오다가 마음에 안 들면 바로 파쇄기로 보냈다.

'서류를 볼 때는 위에서부터 아래로 본다.
먼저 보이는 게 인상 깊지 않다면 더는 읽게 할 수 없겠구나!'

이런 생각을 왜 이전에는 못했을까 싶었다. 그래서 지원하는 회사에 걸맞거나 유사 경험을 어필할 수 있는 항목을 앞에 배치해야 한다.

그다음은 직위가 눈에 들어왔다. 회사 경험이든 대외활동 경험이든 직위가 다 붙어 있었다. 이걸 또 적절하게 바꿔보면 어떨까 하는 생각이 들었다. 인턴처럼 명확한 것은 바꾸기 어렵지만 대외

| 취업, 이겨놓고 싸워라 |

활동들은 어느 정도 바꿀 수 있어 보였다. 물론 거짓이 아닌 선에서 말이다. 사실을 기초로 강조하고 싶은 부분을 직위에도 반영해보기로 했다.

특히 내가 했던 통역 봉사활동이 대표적이었다. 그 역할은 자원봉사자(volunteer)인 동시에 통역사(interpreter)였기 때문이다. 앞서 언급했듯이 지원하는 회사가 봉사활동 경험을 중시하는 것으로 보이면 'volunteer'로, 국제적 경험을 중시하면 'interpreter'라는 단어를 썼다.

설명도 일부 바꿔야겠다고 생각했다. 완전히 다른 내용을 쓰는 것이 아니라, 강조할 부분에 다시 초점을 맞추는 식으로 말이다. 외국계 채용 공고에는 대부분 직무에 대한 자세한 설명(Job Description)과 역량에 대한 요구 사항(Job Requirements)이 함께 담겨 있었다. 어디는 문서작업을 많이 한다는 설명이 있었고, 어디는 의사소통 능력이 뛰어나면 좋겠다고 표기돼 있었다. 그래서 문서작성 능력이 중시되는 곳엔 내 경험 중 '문서 작성을 잘했던 부분'에 초점을 맞춰서 고쳤고, 의사소통이 중시되는 곳엔 그 부분을 강조했다.

그렇게 세 가지 작업을 거치니, 내 영문 이력서는 한층 다채롭게 변했다. 처음에는 어떻게 바꿀지 고민하기도 했지만, 한 번 해보니 그리 어렵지도 않았다. 그렇게 발견한 방법을 적용해 나는 다양한 기업의 서류 전형에서 통과할 수 있었다. 면접에서 인사 담당자가 갸웃거리는 일도 없었고, 이전보다 훨씬 원활히 면접을 치를 수 있었다.

 이렇게 같은 이력을 가지고 있어도 지원하는 기업에 따라 톤을 다르게 작성할 수 있다. 당신의 영문 이력서를 보는 사람은 위에서 아래로 읽어볼 것이기 때문에 '초반 승부'가 관건이다. 읽어내려가면서 그들이 채용하고자 하는 모습과 걸맞아 보이면 더 깊은 인상을 심어줄 것이다. 그렇게 쓴 영문 이력서는 당신에게 '면접행 티켓'을 가져다줄 것이다.

 톤을 바꿔 재구성하는 방법을 정리하면 다음과 같다.

- 첫째, 지원하는 곳에 따라 필요할 경우 이력의 배열을 바꿔놓자(부각할 경험을 서류 위쪽으로).
- 둘째, 변경이 가능한 직위는 지원하는 곳에 어울리게 적절히 바꾸자(사실에 기초하여).
- 셋째, 지원하는 곳에 맞춰 부각할 역량을 재조명하자(사실에 기초하여).

 외국계 기업은 카멜레온처럼 사냥하자. 카멜레온이 사냥을 할 때 주변 색으로 변하여 기다리고 있다가 먹잇감을 공격하는 것처럼, 지원하는 회사에 걸맞게 영문 이력서의 톤을 바꾸자. 다른 한편으로는 천적의 공격을 피할 때 몸의 색을 바꿔 자신을 보호하는 것처럼, 당신도 날카로운 인사 담당자의 탈락 기준에서 벗어날 수

| 취업, 이겨놓고 싸워라 |

있을 것이다. 싸우기 전 원래의 초록색에서 완전히 다른 주황색으로 바꾸는 판다 카멜레온처럼, 경험의 재조명을 통해 다른 느낌으로 구성하여 서류 통과 확률을 높이자.

　서류 하나로 성패가 갈리는 무대가 외국계 회사의 취업 과정이다. 그들이 좋아할 만한 색에 맞춰 당신의 서류가 전달된다면, 그들은 자신들의 무대로 당신을 초대할 것이다. 카멜레온이 색을 바꿔 사냥, 회피 그리고 싸움을 하는 것처럼 외국계 기업에 지원할 때는 그들의 모습에 맞춰 지원하자. 그리하여 서류 합격, 더불어 면접 합격까지 이루는 기적의 결과를 맞이하자.

활용한 정보는
철저히 관리하라

　요즘 과식을 했더니 배가 나왔다. 볼록하게 튀어나온 배를 감출 옷을 새로 사자는 생각도 했지만 그건 아닌 듯했다. 그러나 하나 좋은 점도 있었다. 살을 빼려고 다이어트 정보를 열심히 찾다 보니 유용한 내용이 배보다 더 불룩하게 쌓여간 것이다. 그 정보들을 저장해놓고 필요할 때마다 적절한 다이어트 방안을 활용했다.

　"요즘 살이 너무 쪄서 고민이다. 다이어트 한약이라도 지어 먹어야 하나⋯."

　나와 같은 고민을 하는 친구가 이런 말을 했을 때 내가 가진 정보로 도움을 주기도 했다.

　이렇게 내게 맞는 다이어트 방법을 찾아가니 볼록하던 배의 곡선이 점점 평탄해졌다. 평소에 다이어트 정보를 찾아서 잘 관리한 덕분이다. 그렇지 않았으면, 필요할 때 유용하게 사용하지 못했을 것이다. 그런데 취업에서도 이런 원리가 그대로 적용된다는 것을 아는가? 나도 처음부터 그런 점을 알았던 건 아니기에 한동안은 고생스러운 시절을 보내기도 했다.

정보의 중요성을 인지하고 있던 나는, 평소에도 수시로 취업 정보를 저장해놓았다. 그리고 면접을 갈 때마다 저장해놓은 자소서며 그 외 참고 자료들을 출력해서 가져가 면접 전까지 읽곤 했다.

그날도 만반의 준비를 하고 집을 나섰다. 지원한 회사에 도착하여 면접 대기실에서 준비해온 자료를 읽고 있었다. 지원자들이 차례대로 들어갔다 나왔다를 반복했고, 드디어 내 차례가 가까워졌다. 나는 지원 당시 제출했던 서류를 한 번 보고 들어가자 싶어 가방 속을 뒤적거렸다. 그런데 아무리 찾아도 서류가 없는 것이다. 분명히 이 회사에 관련된 자료를 여기저기서 찾아 출력해놓았는데 말이다.

조금 있으면 들어가야 했기에 찾는 것을 멈추었다. 마음의 안정이 우선이니까. 내가 제출한 서류를 확인하지 못한 건 아쉽지만, 그전까지 다른 자료를 많이 읽었다는 점으로 안정을 유지하고자 노력했다. '설마 지원서류만 가지고 집요하게 묻진 않겠지' 하며 면접장에 들어갔다.

면접관들과 수차례 질문과 대답이 오가며 면접은 그렇게 순조롭게 진행되는 듯했다. 다행이라는 생각이 들면서 안도의 한숨이 절로 나왔다. 면접은 서서히 막바지를 향해 달려갔다. 그런데 유난히 내 이력에 호기심을 보이던 한 면접관이 내게 이렇게 질문했다.

"제출하신 서류를 보니 재미있는 경험을 많이 했네요. 지원한 계기도 인상 깊고 말이죠. 질문 하나 할게요. 본인이 서류에 적어낸 경험 중 자신을 가장 잘 어필할 수 있는 것은 무엇인가요?"

순간 당황했다. 수많은 서류를 쓰면서 회사에 맞게 경험들을 선별해서 넣기도 하고, 일부는 다른 표현으로 바꿔서 쓰기도 했기 때문이다. 면접관이 호기심 가득한 눈으로 보고 있는 저 서류에 정확히 무엇이 적혀 있는지 모른다는 것이 문제였다.

'왜 그걸 안 챙겨왔을까!' 후회막심이었다. 그래도 반드시 들어가는 경험 몇 개는 있었는지라 임기응변의 기지를 발휘해 위기를 모면할 수 있었다. 다행히 면접관은 고개를 끄덕거리고 서류의 다른 부분을 더 묻지는 않았다.

집에 돌아와서 저장해놓은 서류를 찾아보니 PC 내 찾기 힘든 경로에 담겨 있었다. 운 좋게도 면접은 통과했다. 하지만 동시에 실수로라도 서류에 없는 내용을 답했으면 어떻게 됐을까 하는 생각에 섬찟했다.

이처럼 정보를 잘 모아놓았다 해도 제대로 관리하고 활용하지 못하면 아무 소용이 없다. 일전 나처럼 심장이 '덜컥'하는 순간을 언제라도 맞이할 수 있다. 잘못 대답하면 정말 다 된 밥에 재 뿌리는

| 취업, 이겨놓고 싸워라 |

격이다. 합격을 했기에 망정이지, 그렇지 않았다면 아마도 땅을 치고 후회했을 것이다. 정보는 모으는 것보다 관리하고 제때 활용하는 게 중요하다. 사소하게 보이는 이것 때문에, 결과를 송두리째 흔들면 안 되니까 말이다.

이를 계기로 나는 모아놓은 정보를 철저하게 관리해야겠다고 다짐했다. 도대체 어떻게 해야 잘 관리할 수 있을까를 계속 생각했다. 그런데 막상 '관리'라는 말을 붙이니 어딘가 거창해 보였다. 괜히 이런 것까지 관리한답시고 아까운 시간을 낭비하는 게 아닐까도 싶었다. 사소한 것에 목숨 걸지 말라는 지인의 조언 탓에 해야 할지 말아야 할지 더 갈등했다. 일분일초가 중요한 이 시점에 괜한 오지랖이 아닐까 하는 생각도 들었다.

그래도 분명한 건 있었다. 예전처럼 그런 상황이 또 발생해서 그 탓에 탈락하면 진짜 답이 없다는 것이다. 관리라는 것을 한번 해보기로 했다. 지금까지 그랬듯, 해야 하지 않을까 하고 생각하면 나는 결국 하게 되어 있었다. 그래도 사전에 충분히 고민하는 건 옳다고 생각한다.

그러나 계속 흘러가는 시간 속에서 이렇다 할 방안을 찾지 못한 나는, 우선 제출하는 서류부터 관리해보기로 했다. 제출한 서류는 반드시 문서로 보관해놓기로 했다. 그리고 그 문서에 이름을 지어놓기로 했다. 'ㅇㅇㅇ기업 ㅁㅁㅁ 직무'에 지원했다면 문서 이름을 'ㅇㅇㅇ_ㅁㅁㅁ'와 같이 말이다.

그렇게 나름대로 체계적인 형식으로 문서가 하나둘 쌓여가니,

이 문서를 '폴더'에 담아서 관리하면 어떨까 싶었다. 그 즉시, 서류와 같은 이름으로 된 폴더를 만들어놓고, 그곳에다 제출한 서류와 해당 기업에 관련된 자료들을 함께 넣어놓았다. 이렇게 시작한 내 정보관리는 처음에는 이렇다 할 이점이 없었지만, 시간이 지나고 관리하는 영역이 점점 많아지면서 점차 두각을 드러냈다.

매번 면접을 보러 갈 때, 제출했던 서류와 관련 자료들을 이리저리 찾아 헤매느라 시간을 소진하거나 예전처럼 빠트리고 못 가져가는 일이 더는 발생하지 않았다. 면접에 갈 때는 그냥 해당 기업의 이름으로 된 폴더만 열면 그 안에서 모든 자료를 찾을 수 있었다.

한 번 제출하거나 조사한 정보는 반드시 저장하자는 강한 의지도 한몫했다. 간혹 채용 사이트에서 제출서류가 조회되지 않는 회사들도 있다. 그런데 매번 관련 자료를 철저히 저장해놓은 덕분에 그런 회사의 면접에 임할 때도 내가 어떤 서류를 제출했는지 분명히 알 수 있어서 이전과 같은 위기를 다시 겪지 않았다.

사소한 것에도 신경 써 관리한 덕분에 면접 때마다 자료를 찾느라 걸리는 시간이 많이 줄어들어 면접을 준비하는 데 시간을 조금이라도 더 쓸 수 있었다.

내게 코칭을 받은 이들도 처음에는 이렇게 관리하는 것에 대해 그다지 필요성을 느끼지 못했다. 그러나 이후 나와 같은 상황을 겪은 이가 실제로 나타났고, 그제야 다른 이들도 부리나케 관리하기 시작했다. 불행하게도 그 사태를 겪은 이는, 실수로 서류에도 없는 엉뚱한 답변을 하는 바람에 면접에서 탈락하고 말았다.

　당신이 모은 정보는 철저하게 관리되어야 한다. 그냥 그때그때 알아서 하면 되지, 그렇게까지 할 필요가 있느냐고 말한다면 나는 이렇게 강조하고 싶다. 물론 지원하는 회사가 한두 군데라면 전혀 문제가 되지 않는다. 하지만 그런 취준생은 없을 것이다. 벌써 서너 개만 넘어가도 문제가 생기기 시작한다. 철저한 원칙을 가지고 관리하지 않는다면 위기는 언제든 닥칠 수 있다. 특히 관리를 하면 면접 갈 때 대기실에서 점검할 자료를 단번에 뽑아낼 수 있기에 시간도 훨씬 단축된다.

　다음의 방법을 참고하자.

- 첫째, 지원하는 회사별로 폴더를 하나 만들어놓자. 폴더명은 '지원회사_지원 직무'의 형태로 짓자.
- 둘째, 회사 지원 시 작성한 인적 사항과 자소서는 반드시 별도의 문서로 저장해놓자. 문서명은 '지원회사_지원 직무' 형식을 따르자(간혹 제출한 서류가 조회되지 않는 기업이 있다).
- 셋째, 만들어놓은 폴더 내에, 위와 같이 저장한 서류와 그 외 회사 관련 자료를 함께 저장해놓자.
- 넷째, 언제든 필요할 때 바로 활용하자.

　활용한 정보는 철저히 관리하자. 특히 자신이 제출한 서류는 면접 전에 꼭 읽어봐야 한다. 그러니 자료를 잃어버리지 않기 위해서라도 관리해야 한다. 제출한 자소서가 뭔지도 모르고 면접에 들어가서 엉뚱한 답변을 했다가는 면접관에게 절대 좋은 인상을 줄 수 없을 것이다.

지원회사별로 폴더를 만들어놓고, 그 안에 제출한 서류부터 시작해서 그 외 관련 자료까지 한꺼번에 보관해놓자. 필요할 때마다 이리저리 찾지 않고 단번에 이용할 수 있다. 그러면 시간을 허비하지 않게 될뿐더러 깜빡하고 자료를 빼먹는 일 없이 준비된 상태로 면접에 임할 수 있을 것이다.

면접 전까지
이것만은
반드시 하라

요리사는 요리를 어떻게 만들지 판단하고, '맛있다'거나 '맛없다'
는 요리사가 아닌 음식을 먹는 손님이 판단한다. 그런데 아무리 훌
륭한 요리사라도 좋지 않은 재료로는 손님을 매료시킬 요리를 선
사하기 힘들다.

이는 면접에서도 마찬가지다. 여기서는 면접 전까지 최상의 재
료를 준비하는 방법을 알려주겠다. 면접 일정이 나오는 시기부터
면접에 들어가기 전까지 해야 할 것들을 살펴보자.

서류, 인적성 시험과의 치열한 전쟁 끝에 드디어 내게도 면접을
보러 오라는 회사가 하나둘 생기기 시작했다. 가장 가고 싶은 회사

몇 개도 포함돼 있었다. 고지가 얼마 남지 않았다는 생각이 들었다.

그러나 쟁쟁한 이들과 맞서야 한다고 생각하니 내심 두려웠다. 전공부터 지원 직무와 관련이 없었고, 대부분 높은 학벌을 가진 경쟁자들과 싸워야 하기 때문이다. 그래도 기필코 나의 가치를 보여주리라는 마음으로 철저히 준비하기로 각오를 다졌다. 먼저 예상 면접 질문을 수집하고 깊이 있는 답변을 작성해놓기로 했다.

지금까지 열심히 모은 자료부터 다시 검토했다. 한 번 읽었던 것이지만 다시 보니 예전에는 보지 못한 부분까지 눈에 들어왔다. 돈을 주고 기업분석 리포트도 샀다. 답변을 철저히 준비해야 했기에 모든 자료를 샅샅이 봐야 했다. 그다음 기업의 최신 사업보고서를 찾아봤다. 요즘 현황은 어떤지, 앞으로는 시장에서 어떻게 움직일지 등의 사항을 찾아봤다. 마지막으로 지원 당시 제출했던 서류까지 확인했다. 그러고 나서 그들의 비즈니스에 장기적으로 어떻게 기여하고 싶은지, 나만의 생각을 정리했다. 물론 신입한테 바라는 수준은 아니지만 이런 생각은 곧 그 기업에 대한 관심을 표명하는 거라 생각했다.

이제 면접 예상 질문을 수집할 차례였다. 시중의 면접 서적과 리포트에 수록된 질문까지 참고해 100개가 넘는 질문을 모았다. 거기에다 지금까지 내가 쌓은 지식과 경험을 녹여 깊이 있게 답변을 작성하고 전부 외웠다.

면접 공지일부터 이틀 전까지 할 일은 예상 질문 작성 한 가지면 된다. 여기에 학습한 지식과 당신만의 경험을 몽땅 녹이는 것이

210

다. 예상 질문을 준비하는 방법은 다음을 따르면 된다.

- 누적 조사 자료 검토
- 유료 기업분석 리포트 학습
- 최신 사업보고서 조회(dart.fss.or.kr에 접속 후 기업명 검색)
- 제출한 서류 재검토
- 예상 질문 수집(시중 도서, 유료 리포트 참고)
- 본인의 경험과 지식을 담아 예상 질문에 대한 답변 작성

면접 하루 전날이 되자 막상 무엇을 해야 할지 알 수가 없어 우왕좌왕하게 되었다. 답변을 외우는 것도 더는 의미가 없었다. 잠깐 쉬자며 TV를 켰다. 마침 권투경기가 한창이었다. 그런데 시합 전 선수들이 혼자 주먹을 휘두르는 것이었다. 출전 전에 상대방과 마음속으로 한번 싸워보는 '섀도복싱'이라고 했다. 문득 가상의 면접관과 싸워보면 어떨까 싶어졌다. 예상 질문 하나를 고르고 면접장에서의 공방전을 상상했다. '잽, 라이트, 어퍼컷' 등 면접관의 질문 공격이 쏟아진다. 나는 거기 방어를 하고 '카운터'를 날리는 대답을 한다. 이런 상상은 크게 도움이 되었을뿐더러 불안감도 사라짐을 느낄 수 있었다.

더불어 면접에 필요한 자료도 준비했다. 회사에 제출했던 서류부터 대기실에서 읽어볼 기업 조사 자료, 예상 질문과 답변까지 모두 출력해서 챙겨놓았다. 섀도복싱 같은 면접 준비와 준비 자료 출

력까지 마치니 불안감이 비집고 들어갈 틈이 없었다.

면접 하루 전날은 불안하다. 계속 해왔던 걸 또 하기도 난감하다. 아무것도 안 하면 더 불안하다. 그럴 때는 섀도복싱 같은 '섀도 면접'을 해보고 필요한 자료들을 준비하며 마음을 차분하게 하자.

마침내 면접 당일이 찾아왔다. 부리나케 일어나 준비를 마치고 여유로운 마음으로 아침을 먹고 있었다. 나를 가만히 보고 계시던 어머니가 한 말씀 하셨다.

"손톱이 너무 긴 것 아니니?"

듣고 보니 그랬다. 첫인상을 할퀴어버릴 수도 있는 손톱이었다. 이뿐만이 아니었다. 넥타이도 좀 짧았고 심지어 흰색 발목양말까지 신고 있었다. 아차 싶었다. 어머니의 '한 말씀'이 나를 살렸다. 외관을 재점검하고 정갈한 모습으로 면접장을 향해 나섰다.

면접 당일에는 정신이 없다. 특히 외관을 제대로 갖추지 못한 채 집을 나서면 답이 없다. 다음의 체크리스트로 점검하자.

- 공통: 제출한 서류 및 대기실에서 읽을 자료 준비, 정갈한 헤어스타일, 정갈한 구두, 깔끔한 손톱, 기타 악취 없는 상태
- 남자: 정장에 어울리는 양말, 적당한 길이의 넥타이, 코털이 보이지 않는 상태
- 여자: 늘어지거나 흠집 없는 스타킹, 적당한 립스틱 색깔 등 적절한 메이크업, 적당한 굽 높이, 과도하지 않은 향수

| 취업, 이겨놓고 싸워라 |

모 기업의 면접 대기실은 유난히 기억에 남았다. 어디나 마찬가지로 지원자들은 두 부류로 나뉘어 있었다. 조용히 앉아 준비해온 자료를 보는 이들이 대부분이었지만, 시끌벅적하게 잡담을 나누는 이들도 있었다. 불안해서 그럴 거라 생각은 하지만, 기껏 면접을 보러 와서는 다른 회사에 대해 이야기하는 모습은 지원자로서 바른 자세는 아니라는 생각이 들었다. 나는 과감히 신경을 끄고, 준비해 온 자료를 꺼내 조용히 자리에 앉아 읽었다.

그런데 대기실 한구석에서 직원처럼 보이는 어떤 사람이, 종이에다 무언가를 적고 있었다. 지원자들 정장 가슴팍에 붙어 있는 이름표를 열심히 보면서 말이다. 인원 체크를 하나 보다 생각했다. 사실, 그가 뭘 하든 알 게 뭔가. 내가 준비해온 자료를 보느라 그 사람의 존재 이유에 대해 생각할 틈도 없었다.

철저하게 면접을 준비했던 탓인지 1차 면접에 합격했다. 그리고 다시 한 번 그 면접 대기실을 방문할 수 있었다. 1차 때 봤던 시끌벅적하던 무리는 보이지 않았다. 모두 탈락한 듯했다. 무슨 일이 있었는지는 정확히 모르겠지만, 문득 그때 구석에서 열심히 뭔가를 적던 사람이 떠올랐다. 그가 탈락에 영향을 줄 수도 있었겠다는 생각이 들었다. 이번엔 다른 지원자들도 어느 정도 눈치를 챈 모습이었다. 1차 때와 마찬가지로 나는 마음을 가다듬고 마지막까지 최선을 다해 면접을 준비했고, 스스로 만족스러운 상태로 면접을 마쳤다.

면접 대기실에 들어가서는 시끄럽게 떠들지 말고 가져온 자료를 읽으면서 조용히 기다리자. 복불복이지만 분명 대기실에도 눈이 있다. 면접은 이미 대기실부터 시작이라는 기사도 얼마 전 나왔다.

운이 나빠 면접 전 찍히기라도 한다면 정말 답이 없다. 당신의 자세와 태도 하나가 전부 체크 대상이다. 면접관뿐만 아니라 대기실에서 보이는 직원도 숨은 면접관이라는 사실을 잊어서는 안 된다. '하나를 보면 열을 알 수 있다'는 말도 있지 않은가. 그 한 가지를 잘못해서 지금까지의 모든 노력이 물거품이 될 수도 있다. 그것도 자신은 영문도 모른 채로 말이다.

이렇게 철저한 준비를 마치고 면접에 임한 나는 떨어지는 면접보다 붙는 면접이 훨씬 많았다. 치열한 경쟁이었지만 깊이 있게 준비한 나의 답변은 말하는 족족 면접관의 고개를 끄덕이게 할 수 있었다.

철저하게 준비하는 방법을 다시 정리해보면 다음과 같다.

- 면접 공지일부터 이틀 전까지는 예상 질문 및 답변을 철저하게 준비하자.
- 면접 하루 전은 섀도복싱과 같은 섀도면접을 해보고, 제출한 서류와 대기실에서 볼 자료를 미리 출력해두자.
- 면접 당일 나가기 전엔 외관이 괜찮은지 체크리스트를 통해 체크하자. 그리고 대기실에서는 떠들지 말고 묵묵히 자신이 해야 할 일을 하며 기다리자.

| 취업, 이겨놓고 싸워라 |

면접 전까지 반드시 해야 할 일이 의외로 많다고 생각할 수도 있을 것이다. 면접 통보를 받고 당일까지 멍하니 시간을 보내는 이가 많다는 걸 고려하면, 그렇게 느끼는 사람이 많을 것도 같다. 멍하니 시간을 보내는 이들은 일부러 그러는 게 아니라 뭘 해야 할지 몰라서 그러는 것이다. 당신은 이 글을 읽었으니 이제 그 무리에서 빠져나와 열심히 준비하는 사람이 될 거라 믿는다.

끝까지 목표를 잊지 마라

요즘 인상 깊게 읽은 책 한 권이 있다. 《폴 마이어의 아름다운 도전》이란 책이다. 저자 폴 J. 마이어는 자기계발 분야의 살아 있는 전설로 20대에 백만장자가 된 사람이다. 그는 인간은 생각조차 하지 못한 일들을 훌륭하게 이룰 수 있는 능력을 갖추고 있다고 믿었다. 안 된다고 믿는 것은 인생을 체념하는 것이며 자기 자신을 부정하는 거라고도 했다. 그렇게 그는 모든 것에 도전했고, 그때마다 성공을 움켜쥐며 40개가 넘는 회사를 운영하고 있다.

그의 성공 과정을 보면서 도전 시기마다 나타나는 공통적인 현상을 발견했다. 그가 절대 목표를 잊지 않고 나아갔다는 사실이다. 나는 그가 성공한 가장 근본적인 원인이 그것이라고 생각했다. 내 취준생 시절도 비록 시련으로 힘들긴 했지만 목표를 잊지 않고 도전했고, 그 결과 기적을 맞이할 수 있었기 때문이다.

수많은 서류 전형에 통과한 나는 여러 곳에 인적성 시험과 면접을 보러 다니느라 바쁜 시간을 보내고 있었다. 한 주에도 수차례의 일정에 정신이 없었지만 마음은 행복했다. 하지만 그럼에도 제출을 그만둘 수 없는 수많은 서류와 6개 과목에 달하는 중간고사의 압박 탓에 극도의 육체적 피로를 느꼈다. 특히 중간고사 시험과 면접 날짜가 겹칠 뿐 아니라 그날 작성해야 할 서류까지 밀려 있는 날이면 정신이 혼미해질 정도였다.

아무리 시간관리를 잘한다 해도 이 순간만큼은 빠듯하기 그지없었다. 그러다 보니 악마의 유혹이 시작됐다. 어차피 서류 통과도 많이 됐고 예정된 면접도 꽤 있는데 굳이 서류를 더 작성할 필요가 있느냐며 꼬드기는 것이다.

틀린 말은 아니었다. 많이 붙었으니 이곳들만 잘 해가도 문제가 없을 것 같았다. 게다가 그토록 철저히 시간관리를 해도 이렇게 빠듯하니, 잠시 서류 제출을 중단한다 해서 무슨 일이라도 생기겠나 싶었다. 나태라는 군침 도는 유혹이 내 마음속 목적의식을 살며시 흔들었다. 그러나 순간, 하나의 기억이 떠올랐다. 그때 그 친구의 취업결과를 보고, 절대 잊지 않겠다고 다짐한 그 사건 말이다.

"이제 서류는 그만 쓰고 인적성과 면접에 집중해야겠다."

그는 뿌듯한 얼굴로 내게 말했다.

나보다 먼저 취업에 도전한 그는, 초반 여러 개의 서류에서 통과했다. 기쁨을 감추지 못하며, 이제 서류 지원을 멈추고 통과한 회사들에만 몰두하겠다고 했다. 그러나 그 결정은 좋지 못한 결과를 불러왔다.

　우선 상당수 회사의 인적성 시험일정이 겹치는 사태가 일어났다. 불행은 거기서 그치지 않았다. 가까스로 얻은 몇 개의 면접 일정도 겹쳤다. 결국 1차 면접은 두 군데밖에 가지 못했다. 심지어 최종 면접은 한 곳에서만 기회를 얻었다. 강자들과의 경쟁에서 밀린 그는, 결국 최종 탈락이라는 최악의 결과를 맞이했다.

　서류는 꾸준히 써야 한다고 다짐했던 그 사건을 체력이 완전히 고갈되면서 잠시 잊고 있었다. 그 순간에 어떻게 떠오른 걸까도 싶었다. 다행스럽게도 말이다. 내 안의 천사가 던져준 기억의 파편이었을까. 나는 내 마음속 유혹에게 단호히 "노!"라고 외치고 다시 마음을 가다듬었다. 힘들지만 이 찰나의 순간도 지나가리라고 생각하며 다시 서류를 꾸준히 써나갔다.

　마지막 학기에 학교를 병행하며 취업에 도전하는 것은 생각보다 무척 힘들었다. 어쩌면 당신한테도 이런 빠듯한 절정의 순간이 올 것이다. 서류도 써야 하는데 면접도 봐야 하고, 게다가 시험까지 있는 그런 상황 말이다. 그러면 정말 서류 지원을 그만두고 싶다는 유혹을 느낀다. 내게 코칭을 받았던 이들도 그랬노라고 한목소리로 말했다.

　　　　　　　　　　　　　　| 취업, 이겨놓고 싸워라 |

그러나 그렇게 놓아버린다면, 내 친구와 같은 불행한 결과를 맞이할 수도 있다. 아무리 바쁘고 힘들어도 당신의 목표를 잊지 말고 목표로 한 회사 지원을 멈추지 말아야 한다. 그래야 일정이 중복되어 다 떨어질 수도 있는 위험을 피할 수 있다.

면접을 보러 다니면서 목표한 서류 지원도 계속하다 보니 추가적인 면접이 계속 생겨났다. 그리고 서서히 나의 취업은 순탄한 곡선을 그려나가기 시작했다. 가는 면접마다 쟁쟁한 경쟁자들과 맞서 싸웠지만 나의 존재를 면접관에게 각인시킬 수 있었다. 그렇게 1차 면접에서 모두 합격하는 쾌거를 이뤘다.

그런데 한편으로 고민이 생겼다. 많은 면접 기회를 얻는 것은 감사한 일이었으나 동시에 어느 면접에 가야 할지 고민이 되었다. 어떤 날은 면접이 3개나 겹쳐 그중 하나를 고르는 데 심적 고충을 겪기도 했다. 앞으로 이런 상황이 또 있을 터이니 그때를 대비해 원칙을 세워야 했다. 서서히 면접일을 향해 움직이는 시간 속에서 망설이며 멈춰 있을 수는 없기 때문이다. 나는 이렇게 결심했다.

'최고를 향해 가자!'

내 취업 도전기 중 가장 큰 결정이었다. 그렇다고 해서 내가 내린 이 결정이 절대적이라고 할 수는 없다. '안전빵'으로 하나 정도 깔고 가야 한다고 내게 조언했던 지인들은 이런 나를 보며 걱정을 하기도 했다.

그렇게 최고인 곳에 면접을 보러 갔고, 2차 면접까지 무사히 마쳤다. 소수의 회사만 남았고 하나같이 업계 최고였다. 꿈만 가지고 여기까지 온 것이 참 장하다고 다독이며 나는 최종 결과 발표를 기다리고 있었다.

학기가 끝나가는 시점부터는 학교에서 신기한 광경이 펼쳐지기 시작했다. 수업을 듣다가 회심의 미소를 지으며 만세를 하는 것이다. 수업 중에 소리치며 뛰어 나가는 사람도 있었다. 다소 늦은 시기에 최종 면접을 마친 나는 그런 이들을 보고 부러움을 느끼며 하염없이 발표를 기다렸다.

어느새 기말고사가 다가왔다. 그날도 나는 연락을 기다리며 기말고사를 치르고 있었다. 바깥에는 눈이 내리고 있었다. 나만 빼고 낭만적이었다. 역시나 시험 도중에도 환호하는 이들이 보였다. 최고로 향해 가자며 포기했던 다른 기업들이 머릿속에 떠올랐다 사라지며 점점 마음이 무거워졌다. 지인의 말을 들어야 했나 하는 생각도 하면서 나는 힘없이 기말고사 문제를 풀고 있었다.

그때였다. '지이잉' 하고 휴대폰에서 진동이 울렸다. 종종 그랬듯이 정기 구독하는 뉴스레터겠지 싶었다. 별 기대 없이 메일함을 열어보았다. 순간 휴대폰 액정이 뿌옇게 변했다. 더불어 내 시야도 희미해졌다. 내 눈에서 흘러나오는 '눈물' 때문이었다.

'안전빵'으로라도 합격해놓고 기다리라는 지인들의 걱정, 수많은 서류에 도전한다고 했던 지난날들, 전공과는 다른 길로 가겠다고 설쳤던 일들, 주변의 비웃음과 냉소 등 모든 기억이 순식간에 주마

| 취업, 이겨놓고 싸워라 |

등처럼 지나갔다. 환호를 외치며 뛰어 나가고 싶었지만 터져 나오는 눈물을 숨죽여 참느라 그럴 수 없었다. 우울했던 그날은 눈 한 송이조차 따스한 낭만적인 날로 바뀌었다.

합격 이후 추가 안내를 제공하는 메일과 문자 메시지가 며칠 동안 연이어 울려댔다. 결국 나는 내가 가장 가고 싶던 두 곳에서 최종 합격이란 결과를 거머쥐었다. 국내 대기업과 외국계 양쪽 다 합격이라는 쾌거였다. 죽고 싶도록 처절한 기쁨에 뼈가 으스러지며 결딴나는 육신의 최후를 맞는다 해도 그 순간만큼은 행복할 것 같았다. 유난히 춥게 느껴졌던 그 겨울은 그렇게 따뜻하게 지나갔다.

이렇게 나는 내가 가고 싶은 회사에 합격이란 결과를 얻을 수 있었다. 그리고 고민 끝에 둘 중 하나인 컨설팅회사 입사를 결정했다.

그때의 그 기분은 인간의 언어로는 표현할 수 없었다. 지난 모든 과거가 순식간에 머릿속에 펼쳐지며 다시 한 번 내게 감동을 선물했다. 목표에 대한 신념을 잃지 않고 끝까지 믿고 밀어붙인 결과였다. 당신도 목표를 잊지 않으면 반드시 성공할 수 있다.

이 시점에 다시 원점으로 돌아가 목표라는 것에 대해 말하자면 이렇다.

'목표가 있으면 당신의 의지에 초점을 맞출 수 있다.'

그러면 지원할 곳들도 폭넓게 찾을 수 있다. 그저 '국내 ○대 기업'을 지원하는 것보다 더 깊이 있는 지원이 가능하다. 그럼으로써 결국 취업 확률도 높아진다. 더불어 명확한 도전 시스템까지 갖춘다면 효율적으로 움직일 수 있기 때문에 확률이 더욱 높아진다.

그러고 나서는 당신의 판단을 믿고 무한의 에너지로 힘차게 나아가면 된다. 그러면 합격이란 결과가 당신을 맞이할 것이다. 당신의 목표를 잊지 말고 굳세게 믿는 것이 정말로 중요하다. 그래야 구체적인 생각이 들고 그 생각의 끝에서 물리적인 행동으로 표출할 수 있기 때문이다.

명심하자, 절대 목표를 잊지 말아야 한다는 것을. 그러면 당신의 육신이 비록 철사처럼 가늘고 약하다 해도 당신의 마음은 철판처럼 단단해질 것이다. 그렇게 굳세게 한 걸음씩 나아가면 반드시 취업에 성공할 수 있다. 목표를 이룬 모습을 끊임없이 상상하자. 절대 목표를 잊지 말고, 계획을 세워 철저히 준비하자. 믿고 나아가서 당당하게 합격을 거머쥐어라.

| 취업, 이겨놓고 싸워라 |

커다란 변화는 작은 변화들이 쌓여 이루어지는 것이다. 우주선을 발사할 때
발사궤도가 조금만 어긋나도 시간이 지나면 엄청난 궤도 차이를 보이지 않는가.

· 줄리아 카메론, 《아티스트 웨이》·

5장

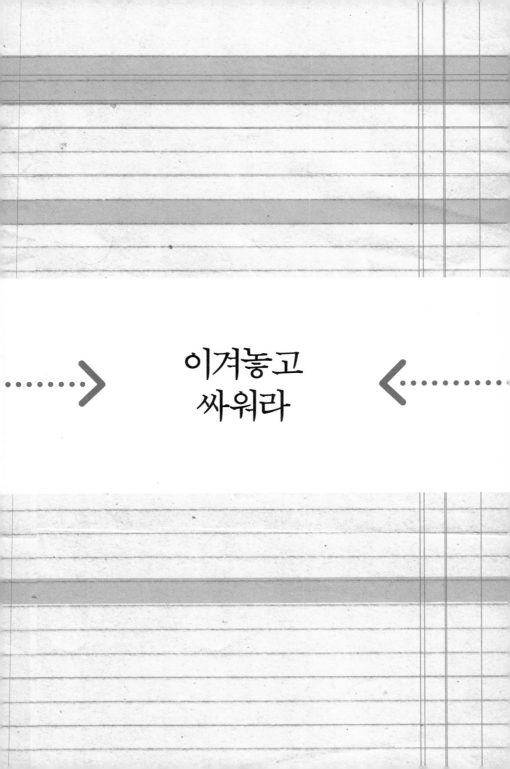

취업,
확률로 승부하라

　나의 삶에서 가장 기뻤던 일은 모두가 "넌 절대 할 수 없을 거야"라고 한 일을 이뤄낸 것이다. 과정은 고달프기도 했으나, 나는 누구보다 내 취업의 첫걸음을 성공적으로 내디뎠다. 그래서 입사 후에도 만족감과 자부심을 느끼며 다닐 수 있었다.

　내가 이렇게 성공적으로 취업한 이유는 어떤 대단한 비법이 있어서가 아니었다. 그저 하고 싶은 일을 찾는 등 취업 확률을 높이는 준비를 차근차근 했을 뿐이다. 간단히 말해, 바라고 구하고 믿은 다음 체계적인 준비를 통해 노력하며 확률을 높여왔을 뿐이다.

　사실 이런 방법은 취업에서만 볼 수 있는 게 아니다. 세상 모든 움직임에 이미 적용되어 있는 승부 법칙이다. 취업보다 더 어려운

| 취업, 이겨놓고 싸워라 |

사업도 이 범주에서 벗어나지 않는다.

'일본의 빌 게이츠', '제2의 스티브 잡스', '아시아의 워런 버핏' 등 소프트뱅크 손정의 회장을 일컫는 수식어들은 실로 엄청나다. 그는 일본인들이 선정하는 '최고의 CEO' 투표에서도 '경영의 신'으로 불리는 교세라 명예회장과 토요타자동차 사장을 누르고 1위를 차지하기도 했다. 그만큼 뛰어난 비즈니스맨으로 누구나 동경하는 성공적인 결과를 만들어냈다.

물론 그라고 해서 실패가 없었던 것은 아니었다. 저렴한 가격에 인터넷을 제공한다고 홍보했다가 가입자가 몰리는 바람에 번복한 적도 있었다. 해저 케이블 사업에 투자했다가 막대한 피해를 보기도 했다. 하지만 그는 결코 포기하지 않고 나아갔다. 반드시 성공할 거라는 믿음을 가지고 더욱 철저히 준비하고 실행에 옮겼다. 그랬기에 오늘날의 소프트뱅크라는 단단한 바위 같은 기업을 만들 수 있었던 것이다.

그가 말하는 비즈니스 성공 비결은 생각보다 간단하다. 반드시 성공시키리라는 믿음과 함께 어느 정도 성공 확률을 만들고 승부를 거는 것이다. 그는 "확률조차 없는데 싸움을 거는 자는 어리석다"라고 말하기도 했다. 즉 성공을 하려면 성공을 위한 철저한 준비가 수반되어야 한다는 것이다.

이런 법칙은 전쟁에서도 마찬가지다. 세계 해전 역사상 전무후무한 23전 23승의 충무공 이순신도 자신의 전승무패 비법이 '이겨놓고 싸우는 것'이라 했다. '승리하는 군대는 먼저 이길 수 있는 조건을 갖춘 뒤에 싸우고, 패배하는 군대는 먼저 싸우고 나서 요행으로 승리하기를 구한다'라는 《손자병법》의 글귀처럼, 그도 이런 병법을 철저히 준수하여 승리를 이뤄냈다.

심지어 주식시장에서도 엿볼 수 있다. 시장에서 주가는 오르든지 내리든지 변동이 없든지 셋 중 하나다. 그러나 가격이 한자리에 머물 확률은 낮기 때문에 오르거나 내리거나의 둘 중 어느 쪽 확률이 높을지 판단하여 그 가능성으로 승부를 겨룬다. 즉 어떤 주식이든 '올랐다 내렸다'를 반복하니 이것만 잘 판단해서 베팅하면 수익을 낼 가능성이 높아진다는 것이다. 철저히 확률 게임이다.

취업을 앞두고 있거나 이미 취업에 도전 중인 당신도 성공 확률을 사전에 높여놓아야 한다. 최대한 높일 수 있는 만큼 높여놓고, 그런 다음에 직접 부딪쳐 싸우는 것이다. 특히 나이가 많은 늦둥이 취준생이라면 이제 더는 실패를 용납하고 싶지 않을 것이다. 그러니 전쟁터에 나서는 비장한 각오로 확률 승부의 법칙을 따라 도전해야 한다.

초창기 나는 하고 싶은 일을 찾아야겠다고 결심했다. 마음이 진정으로 원하는 바를 찾기 위해 이리저리 고민하면서 내면에 잠들어 있는 욕망을 깨우고자 노력했다. 그리고 방향이 취업 속도를 결정한다는 것을 깨닫고 방향을 잡는 데 매진했다.

고정관념을 깨기 위해 과감히 전공을 벗어나서 생각했으며, 하

| 취업, 이겨놓고 싸워라 |

고 싶은 일을 찾기 위해 떠오르는 생각을 메모하고, 매일같이 치열하게 조사도 했다. 그러다 우선 '나'에 대해 알아야 한다는 생각이 들어 나에 대한 정체성을 확립했다. 그리고 내 인생 전반에 대한 꿈의 지도를 만들면서 간절히 이루고 싶은 꿈도 찾아냈다. 이는 내가 원하는 취업에 대한 열망을 더욱 강력하게 해주었을 뿐 아니라 구체화하는 데에도 큰 도움이 되었다.

그다음에는 여러 경험을 하며 내 열정을 검증하고 취업에 관해 전반적인 지식을 쌓으면서 본격적인 준비에 착수했다. 취업 확률을 더욱 높이기 위해 질과 양을 동시에 충족하는 방법을 발견했고, 지원할 업계를 정하고 부족한 점을 보강하기 위해 독하게 준비했다. 중간중간 내가 가는 방향이 맞는지 체크하며 세밀한 조정도 했다.

자잘한 시간조차 낭비하지 않기 위해 증빙서류도 미리 준비하고 인적 사항과 자소서에 들어갈 성공 사례를 찾아 준비도 해놓았다. 서류와 면접에서 나의 지원 동기를 확실하게 하기 위해 지원 이유도 준비했고, 영문 이력서 준비를 통해 외국계 기업까지 지원 범위를 넓히며 확률을 계속 다져갔다.

공채 시즌의 본격적인 도전 시기에 이르러서도 확률을 높이는 작업을 멈추지 않았다. 취업 정보를 끊임없이 수집하고 체계적으로 관리했으며, 시간에 허덕이지 않기 위해 시간을 날카롭게 사용할 방법을 찾고자 고군분투했다. 주변의 우려가 가득했지만 확고한 믿음으로 버텨냈다.

떨어지거나 일정 중복으로 아쉽게 가지 못한 곳들을 머릿속에서 지우기 위해, 그리고 혼란스러운 감정과 부정적인 생각을 떨치기 위해 진행 중인 취업 활동의 상태를 관리해서 초점이 목표만을 향하도록 했다.

앞서 철저하게 준비한 인적 사항과 성공 사례 그리고 좀더 효율적인 서류 작성을 위해 개발한 방법들은 수많은 지원 서류를 제출하는 데 도움이 되었다. 외국계 기업은 회사마다 톤을 다양하게 바꿔 합격 확률을 높였다. 실제로 떨어져 가면서까지 깨달은 방법이었기에 그 필요성을 특히 절감했다.

면접에서는 내가 제출한 서류의 내용을 몰라 고생한 탓에 활용한 정보를 철저히 관리하고 모은 자료를 소중히 관리했다. 면접 전까지는 할 일들을 찾아 철저하게 준비했다. 그렇기에 전형 때마다 연이은 합격 축포가 울렸다. 절대 아무것도 하지 않고 '요행으로' 얻은 결과가 아니었다.

취업 확률을 높이는 가장 큰 비법은 내 목표를 잊지 않고 꾸준히 노력하는 것이었다. 그렇게 고군분투한 끝에 기적 같은 합격을 얻을 수 있었다.

이렇게 다방면으로 확률을 높여놓았기에 최고의 외국계 기업과 국내 대기업을 통틀어 가장 경쟁률이 높은 직무에도 합격할 수 있었다. 확률을 높이는 요소들 중 몇 개만 빠졌더라도 나의 성공은 불가능했을지 모른다. 중요한 톱니가 있어야만 기계가 잘 돌아가며 폭발적인 힘을 내는 것처럼, 나의 취업도 중요한 요소들이 유기적으로 맞물려 돌아가면서 가능성을 폭발적으로 높였다.

많은 이들이 이런 수많은 준비 과정을 거쳐야 성공할 수 있다는 것을 잘 모르고 무작정 도전한다. 하지만 취업은 장난이 아니기에 쓴맛을 보는 경우가 많다. 그러다 보면 연이은 취업 실패로 의지가 꺾여 포기하는 사람이 속출한다. 설사 취업 자체는 성공했어도 하고 싶은 일이 아니었음을 깨닫고 재취업에 뛰어들기도 한다.

그러나 여기까지 읽어온 당신은 이제 방법을 알고 있다. 생각만 있으면 충분히 합격을 거머쥘 수 있게 되었다는 말이다.

모든 사람이 취업 성공을 꿈꾸지만 실제로는 소수만이 성공에 이른다. 많은 이들이 시련을 이겨내지 못하고 포기하기 때문이다. 그러나 확률로 승부한다는 생각을 가지고 있다면 분명 결과가 달라질 것이다. 최적의 상태로 도전하기 때문에 성공 확률을 최대한 높일 수 있다. 물론 모든 취준생에게 노력은 기본이다. 그런데 확률이라는 측면을 생각하는 사람은 최적화된 노력을 할 수 있다는 점에서 다르다. 무의미한 노력은 들이지 말자는 것이 내 철학이기도 하다.

불합격 위험이 없는 취업 준비란 존재하지 않는다. 그러나 제대로 준비하고 도전하면 그 위험은 현저히 낮아진다. 내가 직접 경험하고 이뤄낸 것이니 믿어도 된다. 이 책을 통해 당신은 위험은 낮고 성공 확률은 높은 한 판 승부를 벌일 수 있게 되었다.

첫 취업은
당신의 인생을
결정한다

"지난번 취업 실패로 절망하고 있었는데 다행이라고 하셔서 어안이 벙벙했어요. 그런데 첫 취업을 잘해야 한다는 말씀을 이해하고 제대로 준비한 덕에 결국 합격을 했습니다. 절망처럼 보였던 지난 일들이 제대로 된 시작을 위한 밑거름이었다는 것을 새삼 깨달았습니다."

내게 코칭을 받은 예비 합격생들에게 자주 듣게 되는 이야기다. 이런 이야기를 들으면 마음이 정말 뿌듯하다. 더는 취업을 취업 자체로만 국한하지 않고 인생 전반을 꿰뚫는 관점에서 준비하고 있다는 증거이기 때문이다.

이렇게 관점을 바꾼 이들은 꿈을 가지고 성공을 향해 한 걸음씩

| 취업, 이겨놓고 싸워라 |

나아간다. 무작정 취업부터 해야겠다며 조급해하지 않고, 자신의 인생을 어떻게 설계해나갈 것인지 고민하며 취업에 도전한다. 그런 모습이 참 아름답게만 느껴진다. 한 편의 드라마처럼 그들의 인생이 바뀌어가는 것을 볼 수 있기에 내가 올바른 취업 방향에 대해 알려주는 일을 하고 있다는 데 항상 감사할 따름이다.

제대로 된 취업 방법을 알고 마침내 합격의 영광을 안은 그 취준생은 취업 실패 탓에 이전 2년간 괴로움으로 가득한 나날을 보냈다. 한때 고시를 준비하다가 포기하고 취업 시장으로 뛰어든 그는, 초반에는 취업에 대해 아무런 방향도 계획도 없었다. 그저 채용 공고가 나면 도서관에 처박혀 자소서를 쓰기에 여념이 없었다. 정해놓은 직무조차 없었기에 매번 경쟁률이 낮아 보이는 직무에만 지원했다. 진입하고 싶은 업계도 생각해본 적이 없었다. 그러다 보니 지원하는 족족 탈락의 고배만을 맛보았다.

안 되겠다 싶었던 그는 취업 서적을 찾아보며 직무 중심 지원이라는 아이디어를 발견했다. 거기 착안해 자신의 전공분야 중 하나인 회계라는 직무로 수많은 곳에 지원했지만, 이 또한 실패의 연속이었다. 금융 관련 자격증도 여러 개나 있었기에 나름대로 자신이 있었지만, 면접 결과는 매번 신통치 않았다.

그래서 당시 나를 찾아와 상담을 받았다. 그는 이렇게 말했다.

"고시에 탈락하는 느낌이 큰 망치로 세게 한 번 맞는 것 같다면, 취업에 탈락하는 느낌은 작은 망치로 수백 번을 맞는 것 같아요.

매번 떨어질 때마다 느끼는 아찔함. 소량의 독약을 계속 제 몸속에 집어넣은 느낌이랄까요. 계속되는 탈락에 몸과 마음이 지쳐만 가고 있습니다."

상담을 마친 후 그는 하고 싶은 일부터 찾아가기 시작했다. 평소 외향적인 성격에 사람 만나기를 좋아했던 그는 누군가를 만나서 의사소통을 많이 하는 일을 하고 싶다는 결론을 내렸다. 그래서 은행과 보험 분야를 공략하기로 하고, 지원 직무는 영업으로 잡았다. 예전에 면접을 볼 때마다 받았던 질문인 '왜 이 일을 하고 싶어 하는가'에 대해서도 깊이 고민해 답변을 충실히 준비했다.

회계에 대한 지식도 탄탄했고 무엇보다 업에 대해 많은 공부를 하고 그에 맞춰 직무를 공부한 그는 말 한마디, 한마디가 면접관들을 감탄케 했다. 그저 영업만 하고 싶다고 호소하는 주변 경쟁자들과 달리, 왜 이 일을 하고 싶은지에 대한 그만의 생각과 이곳에 입사하기 위해 어떻게 준비해왔는지를 증명할 수 있었기 때문이다. 결국 국내 최고의 보험회사 영업관리 직무에 당당히 합격할 수 있었다.

또한 예전 꿈의 지도에 그려놓았던 '전문 프레젠터'라는 다음 행선지 덕분에, 하루하루 자신을 성장시키며 일을 배우고 있다. 매일같이 수차례 발표를 해야 하는 보험사 영업관리 업무에 불평하는 남들과는 다르게 말이다.

첫 취업은 당신의 인생을 결정하는 데 지대한 영향을 미친다. 그렇기에 업계 선택이 중요한 것이다. 덜 좋은 회사에 입사해서 경력을 쌓고 동종 업계 내 더 좋은 회사로 들어갈 수는 있다. 하지만 한 번 잘못 들어간 업계를 탈출하려면 쌓은 경력을 다 버리거나 엄청나게 깎여서 갈 수밖에 없다. 그래서 사람들은 자신이 종사하는 업계에 불만이 있어도 막상 다른 업계로 이동할 엄두를 내지 못하고 씁쓸해한다. 당신이 아무리 직무에 대해 잘 안다 해도 업계를 넘나드는 건 결코 쉽지 않다.

하고 싶은 일을 할 수 있는 회사에 들어간 나는, 내가 세운 큰 방향을 보며 열정적으로 일을 배워갈 수 있었다. 물론 힘든 시간도 많았다. 주말도 없이 야근을 이어가기가 다반사였고, 어떤 날은 무려 40시간 동안 잠도 못 자고 일하기도 했다. 너무 오랜 야근에 병원에 입원한 적도 있고, 인간관계 때문에 힘든 시간을 보내야 했던 적도 있다.

하지만 버텨낼 수 있었다. 내가 하고 싶은 일이었기 때문이다. 이게 크나큰 원동력이었다. 힘이 들어 그만두고 싶다는 생각도 들긴 했지만 하고 싶은 일이었기에 마음의 풍파가 있어도 굳건히 견디며 나를 성장시킬 수 있었다. 그리고 시간이 날 때마다 나 자신을 계발하는 데 투자를 아끼지 않았다.

그렇게 몇 년을 일하다 보니 어느 순간부터 나만의 '스페셜티(specialty)'가 생기기 시작했다. 경력도 얼마 안 되는 새내기 같은 존재였지만, 한 분야만큼은 내가 진두지휘하여 업무와 회의를 주도하기도 했고 고객사 제안에 핵심 콘텐츠를 만들기도 했다. 특히 구글과 함께했던 통신사 서비스 론칭은 프로젝트가 끝났음에도 궁금한 사항이 생길 때마다 내게 조언을 구하곤 한다. 그런 식으로 점차 특정 분야에서 입지를 굳혀왔다.

이 모든 것은 내가 원하는 곳에 입사했기에 가능해진 일이다. 하는 일마다 자부심을 가질 수 있었고, 쉬는 날이면 무언가를 더 공부할 수 있었다(물론 연애도 했다. 시간 안배를 잘 해서 말이다). 덕분에 자격증을 몇 개나 따기도 했고, 다른 회사들과 틈틈이 인맥도 쌓아 직접 세일즈 기회를 포착하기도 했다.

만약 첫 직장이 내가 원하지 않는 곳이었다면 이런 상황은 만들어지지 못했을 것이다. 조금만 힘들어도 불만 가득한 모습이 되어버렸을 것이다. 그러다가 취업 재수생이 되어, 내가 봤던 다른 이들처럼 회사에 다니면서 타 기업 입사를 준비하고 있을지도 모른다.

그러므로 첫 취업을 잘 해야 한다. 만족하면서 다닐 뿐만 아니라 관심이 있기에 더 많은 것을 배우고 싶어지고, 덕분에 배움의 자세를 유지할 수 있기 때문이다. 마치 돈을 받고 학원에 다니는 느낌이라고나 할까.

가닥을 잘못 잡고 시작하면 전체를 망친다는 공자의 말처럼 첫 취업은 당신의 인생을 결정한다. 공자는 《논어》에서도 '망하려는 나라에는 들어가지 않고 어지러운 나라에는 살지 않는다'고 역설했다. 첫 진입이 얼마나 중요한지를 보여주는 말이다. 첫 취업을 잘못하면 엄청난 정신적 고통이 수반될 것이다. 버티고 받쳐줄 원동력이 없기 때문에 조금만 힘들어도 그만둘 생각부터 하게 되기 때문이다. 그러나 첫 취업을 잘하면 버텨낼 수 있다. 그리고 몇 년 뒤 당신의 인생은 확연히 바뀌어 있을 것이다.

거짓된 방향으로 첫 취업을 하지 말자. 거짓이 달아준 날개로는 일단 날아갈 수는 있지만, 다시 돌아오는 길은 어디에도 없다. 결심하자, 반드시 첫 취업을 잘 하겠다고. 당신의 인생이 달린 일이니까.

취업의 흐름을
좇아라

돛단배는 일반적인 동력으로 움직이는 배보다 방향키가 더 크게 만들어져 있다. 바람으로 움직이기 때문에 바람을 잘 받는 것이 속도를 내는 데 무엇보다 중요해서다. 그리고 돛단배를 타고 원하는 목적지에 이르려면 무엇보다 방향을 제대로 잡아야 한다.

취업도 이와 마찬가지다. 방향을 잡은 돛단배가 나아가듯 취업도 방향을 잡아야 나아갈 수 있다. 취업 방향을 잡으면 순풍을 받을 수 있고, 심지어 역풍에도 헤쳐나갈 수도 있다.

취업에서 어떤 여정을 겪느냐는 순전히 자신의 손에 달려 있다. 그저 남들 가는 대로 흘러가듯 회사에 지원할 수도 있고, 자신이 하고 싶은 일을 찾아 꿈을 좇을 수 있는 회사에 지원할 수도 있다.

나는 남들을 따라가지 않고 꿈을 좇았다. 한때는 고비의 연속이었지만, 결국 만족스러운 항해를 할 수 있었다.

취업 초보이던 당시 나는 스펙만이 전부인 듯 생각하며 나 자신의 정체성을 잃어갔다. 남들의 말에 나비처럼 팔랑거리기만 한 적도 많았다. '나는 안 된다'는 좌절감에 빠지기도 했다. 겉보기에 화려한 것에만 끌려 설렌 적도 있었다.

그러다 원하는 것을 하라는 내 진짜 욕망을 찾아낸 순간은 감동적이었다. 취업에 성공할 수 있었던 최초 확률이 거기서부터 시작됐다. 물론 하고 싶은 일을 찾는 과정은 순탄치 않았다. 전공대로 취업하는 풍토를 가진 사회 분위기에서 그렇게 취업하는 것이 맞는지 갈등도 했다. 그러나 고정관념을 벗어나니 세상은 넓고 할 일은 많았다. 그 점을 깨닫고 나서는 넓은 시야로 하고 싶은 일을 다시 찾아봤다. 무심코 떠오르는 아이디어를 잊어버릴까 노심초사 속에 메모해가며 순간을 기록했다. 그리고 시간을 정해 주기적으로 조사를 반복했다. 그러면서 나는 서서히 감을 잡아갔다.

하고 싶은 일을 찾던 도중, 적합한 조언을 제시해줄 거라 기대했던 지인의 독설에 마음이 쓰라렸던 적도 있다. 나밖에 알 수 없는 '내가 하고 싶은 일'을 남이 찾아주길 바랐으니 참 부질없는 시도였다. 그러다가 영감을 받아 가시적인 방향을 잡기도 했으니 마냥 의미 없진 않았다. 그래도 하고 싶은 일은 잘 보이지 않아 '이렇게까지 해야 하나, 이게 맞나' 하는 생각도 수백 번 했다.

하지만 원하고 구하는 이에게는 하늘에서 선물을 내려준다고도 했다. 우연히 후배와 마신 맥주 한 캔에서 하고 싶은 일을 찾을 수 있었다. 행복의 정점인 순간이었다. 그렇게 만든 내 꿈의 지도는 지금까지도 내 삶의 지표로 많은 도움을 주고 있다. 그 후 이 방향이 정말 맞는지 실제 경험을 통해 검증하고 취업에 대한 감을 잡아나갔다.

하고 싶은 일을 찾아 준비하면 취업의 좋은 흐름을 탈 수 있다. 더불어 취업 이후에도 만족스러운 삶을 살 수 있다. 당신은 나의 초보 시절 같은 고민으로 시간을 허비하지 말고 이 책에 담긴 노하우를 바로 적용해서 시간을 절약하기 바란다.

하고 싶은 일을 찾는 방법을 요약하면 다음과 같다.

방향이 취업 속도를 결정한다

올바른 방향을 잡는 것이야말로 빠르게 취업하는 지름길이다. 취업에 성공한다 해도 방향이 없다면 재취업을 준비하게 될지도 모른다는 것을 잊지 말자. 올바른 방향을 잡으면 직선코스에서 마음껏 액셀러레이터를 밟고 빠르게 달려갈 수 있다.

네 안에 잠든 욕망을 깨워라

'원하는 것을 하라'는 마음의 소리에 귀를 기울이자. 화려해 보이는 명예에 눈이 멀어 그 소리를 듣지 못해서는 안 된다. 명예가 나

| 취업, 이겨놓고 싸워라 |

쁘다는 건 아니지만, 그것이 당신의 진짜 마음을 가린다면 치워버리자.

세 가지 환경만 바뀌면 비로소 보인다

고정관념에서 벗어나라. 고정관념을 깨게 되면 어마어마하게 방대한 정보의 세계가 당신을 맞이할 것이다. 그리고 의도적으로 스쳐 지나가는 생각을 메모해서 단서를 만들어라. 그 후 시간을 정해 매일같이 10분 정도 자신이 기록한 메모들을 깊이 있게 조사하자. 하고 싶은 일이 실제로는 어떤지 등을 조사하면 많은 것이 보일 것이다.

드림키워드로 영감을 얻어라

'나는 무엇을 할 줄 아는가? 내가 잘하는 것은 무엇인가? 내가 좋아하는 것은 무엇인가?'라는 질문을 두고 각각 떠오르는 생각을 적어보자. 그다음, 각 질문에서 적은 키워드를 나열하고 '첫 직업으로 하고 싶은가?'라는 질문을 통해 항목별로 '예' 또는 '아니요'를 적어보자. 그중 '예'로 답한 항목들만 모아보자. 이를 통해 당신의 정체성을 구체적인 단어로 정리할 수 있다.

간절히 이루고 싶은 꿈부터 찾아라

당신이 가야 할 취업의 방향을 명확하게 알려주는 나침반이 될 것이다. 첫째, 최종적으로 되고 싶은 모습을 적고 그 모습을 충족할 수 있는 직업을 적는다. 둘째, 그렇게 적은 직업을 가지려면 어떤 모습이 되어야 할지 다시 한 번 적어본다. 마찬가지로 그 모습을 충족할 수 있는 직업을 적어본다. 셋째, 지금 당장 해야 할 모습이 보일 때까지 반복해서 적어본다. 그러면 분명 첫 취업의 시점에서 해야 할 일이 보일 것이다.

경험 계획표로 열정을 검증하라

하고 싶은 일을 찾은 다음, 당신의 열정이 맞는지 검증하자. 단기간에 경험할 대외활동 계획을 세워라. 활동하면서 다른 사람의 경험과 의견을 수집하라. 생각의 폭이 넓어질 것이다. 그러면서 당신이 찾은 하고 싶은 일에 대한 열정이 식지 않는지 판단하자.

취업 여행으로 감을 잡아라

하고 싶은 일을 찾았으면 본격적인 취업 준비에 돌입하기 전, 취업에 대한 감을 잡아야 한다. 어떤 업계와 어떤 직무가 있고 어떤 유형의 회사가 있는지 찾아보자. 이를 사전에 알면 지원할 수 있는 회사의 폭을 넓힐 수 있다.

당신이 목표를 세우면, 목표가 당신을 세울 것이다. 그러면 반드시 빠르게 나아갈 수 있다. 잊지 말자, 흐름을 만드는 것은 바로 당신 자신이라는 것을.

취업의
거듭제곱 법칙을
실현하라

성경 마태복음 25장 29절에는 이런 말이 있다. '무릇 있는 자는 받아 풍족하게 되고, 없는 자는 그 있는 것까지 빼앗기리라.'

알베르트 아인슈타인은 이와 같은 법칙을 복리에서 발견했다. 그는 이를 보고 '세계 8대 불가사의' 그리고 '우주에서 가장 강력한 힘'이라 언급했다. 그러나 이런 복리도 특정 상황이 되어야 그 힘을 발휘한다. 어느 정도의 시간이 지나야 한다는 상황 말이다. 그러면 어느 시점부터는 기하급수적으로 늘어나 마법의 힘을 발휘한다.

이런 현상은 취업 준비에서도 볼 수 있다. 취업 성공은 어떤 한 가지 요소로만 힘을 발휘할 수 없다. 여러 개를 준비해야 한다. 그 래야 폭발적인 힘으로 뭉쳐 합격 확률을 기하급수적으로 높여준다. 이것이 취업의 거듭제곱 법칙을 실현하는 방법이며, 내가 끝내 실현한 것이 바로 이것이다. 다시 말해 취업의 거듭제곱 법칙이란, 활용할 수 있는 수단을 전부 써서 취업 확률을 극대화하는 방법을 의미한다.

나는 남들과 차별성 있는 한 끗을 준비하기 위해 많은 노력을 했다. 초반에는 취업 당시 100군데에 지원했다는 김수영 작가를 보고 기가 죽기도 했다. 하지만 어떤 선배와의 조우를 통해 한번 도전해보기로 용기를 냈다. 그리고 김수영 작가의 버킷리스트에서 영감을 받아 특정 업계를 골라 회사에 지원하자는 방법도 찾아냈다.

그러던 중 직무가 취업의 중심이라고 믿는 주변의 통념에 흔들리기도 했다. 하지만 우연히 참가한 어느 기업 캠퍼스 리크루팅 현장에서 '직무를 고르기 전에 업계를 먼저 골라야 한다'는 점에 확신을 가지게 되었다.

마구잡이 스펙이 아닌 나만의 맞춤 스펙을 만들기로 한 기억도 떠오른다. 나만의 보강할 점을 파악하고, 정말 미친 척하고 독하게 살았다. 그래서 좋은 결과도 이뤄냈다. 보강할 점을 확실히 몰랐다면 의지와 열정을 쏟을 곳이 명확하지 않기에 결코 해낼 수 없었을 것이다.

'방향이 엉망인 상태에서 공을 치면 더 고생하는 순간이 반드시 온다'고 했던 중년 여성도 기억난다. 그녀는 골프에 관해 한 얘기

| 취업, 이겨놓고 싸워라 |

였지만, 그 말을 통해 나는 내가 가고자 하는 방향을 다시 점검하고 조정할 수 있었다.

증빙서류를 제출하기 위해 온종일 고생한 적도 있다. 그게 너무 싫었던 나머지 마침내 10초 안에 준비를 마치는 방법을 만들어냈다. 매번 똑같은 인적 사항을 쓰는데도 내용의 질에 차이가 있다는 사실을 발견하고 미리 써놓기도 했다. 덕분에 많은 시간이 절약됐고, 시간과의 싸움에서 유리한 고지를 차지할 수 있었다.

나만의 성공 사례를 찾으며, 처절하게 자소서를 분석했던 시기도 떠오른다. 그러다 자신의 삶을 어떻게 조명하느냐에 따라 얼마든지 성공 사례를 찾아낼 수 있다는 걸 깨달았고, 그걸 읽어볼 담당자에 맞춰 다양하게 구성하기도 했다.

지인이 자기 경험담을 바탕으로 '왜 여기에 들어가고 싶은가'를 물어봤던 일도 잊히지 않는다. 얼른 답변하기 힘들었던 나는 설득력 있는 이유를 찾아 글로 정리해 미리 준비할 수 있었다. 웃기지만 취업을 가려서 하려는 얄팍한 생각도 한 적이 있다. 그렇지만 편식해서 지원하면 안 된다는 것을 깨닫고 다시금 정진했다. 그렇게 여러 가지를 준비하며 점차 취업 확률을 높여갔다.

이 시기는 내 마음과 혈투를 하던 때였다. 내 생각이 맞는지 틀리는지 알 수 없어 주변의 통념에 맞서기도 하며 고민했던 나날이다. 하지만 지금 돌아보면 이 과정은 엄청나게 유익했다. 이를 통해 취업 확률을 폭발적으로 증가시키는 거듭제곱 법칙을 구현할 수 있었기 때문이다.

당신도 취업 확률을 극대화하는 거듭제곱의 법칙을 이루기 바란다. 다음과 같은 방법을 따르면 된다.

질과 양을 동시에 갖춰 승부하라

100개량의 지원서류를 준비하되 질적인 면도 충실히 갖추자. 진입할 업계 몇 개를 정하면 가능하다. 그에 속한 회사들을 찾아내 업계별로 20~30개 정도씩 지원하면 된다. 동종 업계 내 회사들은 내용이 유사해 공부하기가 쉽다. 조사한 내용을 자소서에도 얼마든지 재활용할 수 있어 작성 속도도 빨라진다. 심지어 경쟁사분석까지 절로 되니 내용도 더 깊이를 갖추게 된다.

업계부터 선택하라

기업이 직무 역량을 중점적으로 본다는 말은 '우리 회사'에 지원한다는 전제가 숨어 있다. 그래서 뭘 해야 할지 명확하지 않은 취업 준비생은 직무 이전에 업계부터 골라야 한다. 더욱이 특정 업계에만 존재하는 직무도 있으므로 업계 선택이 우선이다. 최소 2개에서 최대 4개 정도까지 업계를 고르자. 직무는 하고 싶은 일과 연관 지어 찾아보자. 그 후 업계에 속한 회사를 찾고 그중에서 지원할 회사를 선별하여 지원할 회사 목록을 만들자.

방학 2개월만 독해져라

반드시 맞춤 스펙을 쌓을 생각으로 준비하자. 우선, 지원하는 회

| 취업, 이겨놓고 싸워라 |

사에 통과하기 위해 어떤 스펙을 보강해야 하는지 파악하자. 그런 다음 보강을 위해 도전이 가능한 대상을 선별하자. 그리고 선별한 대상 간 우선순위를 정하고 실행 계획을 세워 행동에 옮기자. 명확한 목표가 있기에 독해질 수 있다.

방향이 맞는지 체크하라

방향은 한번 잘못 들어서면 고치기 힘들기 때문에 꼭 점검해야 한다. 꿈의 지도를 펼쳐보고 당신이 찾은 '하고 싶은 일'과 이후 구체화한 업계, 직무, 회사가 방향 측면에서 같은지 비교하자. 다르다면 다시 조정하자.

시간을 갉아먹는 흰개미를 제거하라

당신의 시간을 갉아먹는 증빙서류 준비와 인적 사항 작성을 사전에 해결하자. 증빙서류는 전부 스캔해서 하나의 문서 형태로 간편하게 저장해놓고, 필요할 때마다 출력하자. 인적 사항은 미리 작성하여 질을 높여놓고 실제 서류 작성 시 '복사, 붙여넣기'로 빠르게 완성하자.

자소서에 들어갈 성공 사례를 찾아라

여러 소재와 주제로 성공 사례를 써놓자. 이렇게 해놓으면 어지간한 기업의 자소서에는 모두 활용할 수 있다. 사례를 작성할 때는 섹시한 제목을 쓰고 지원회사에 높은 관심을 보이되, 소설보다 보고서처럼 간단명료하게 작성하자.

'왜?' 라고 물었을 때, 즉각 대답할 수 있는가?

왜 이 회사를 지원했는지에 대해 당신의 답변을 준비하자. 앞서 당신이 찾은 '하고 싶은 일'과 해당 업계 및 직무를 연관 지어 작성하자.

영문 이력서는 선택이 아닌 필수다

취업 확률을 넓히는 영문 이력서 작성은 선택이 아니라 필수다. 작성에 대한 두려움은 '하고 싶은 일을 하자'는 마음가짐으로 극복하자. 생각보다 시간이 오래 걸리니 미리 써놓아야 하고 개선할 부분이 있으면 끊임없이 손봐야 한다.

취업 밥상에서는 편식하지 마라

국내 기업과 외국계 기업을 구분 짓지 말고 지원하자. 국내 기업부터 외국계까지 모두 지원한다면 취업 확률이 대폭 상승할 것이다.

계획은 무모해도
결과는 내 편이다

플로리다의 한 레스토랑에서 근무하던 존 쿠크는, 어느 날 과로로 쓰러져 원인 모를 불치병에 걸렸다. 병명도 알 수 없는 채 세포가 괴사하는 단계까지 이르렀다. 의사는 산송장과 다름없는 상태여서 살아나는 게 기적이라 했다.

하지만 그는 이렇게 믿었다. 반드시 사랑하는 아내와 플로리다 해변을 걸을 거라고, 다시 예전처럼 정상으로 돌아갈 거라고. 그 후 최고의 의료진을 찾아 그들이 제시하는 회복요법을 철저히 따랐다. 물리치료 외의 시간에는 눈동자를 굴리거나 혀를 움직이면서까지 힘썼다. 지지대에 온몸을 동여맨 채 하루 몇 분씩 강제로 서 있기도 했다. 치료 과정은 죽을 만큼 통증이 심했지만 그는 결코 멈추지 않았다. 결국 정상인 수준으로 건강해질 수 있었다.

"가장 위험한 인생은 모험을 하지 않는 인생이에요."

내가 취업에 도전하는 이들에게 자주 하는 말이다. 하고 싶은 일을 꼭 하라는 의미다. 얼핏 들으면 터무니없는 말 같기도 하다. 그러나 성공에 대한 믿음하에 '철저한 시스템'에 따라 도전하면 반드시 성공적인 결과를 얻을 수 있다.

수많은 기업에 도전하기로 한 나의 무모했던 모험은 성공할 거라는 굳센 믿음과 철저한 시스템하에 진행되었다. 한때는 수많은 회사에 지원하느라 허덕이는 바람에 중요한 사항을 깜빡하여 지원하려 했던 기업을 놓칠 뻔한 적도 있었다. 하지만 한곳에서 정보를 관리하고 주기적으로 수집하는 방안을 마련함으로써 그런 일을 더는 겪지 않았다.

그저 닥치는 대로 노력만 하면 된다는 생각으로 수많은 회사 지원을 소화하려다 어려움을 겪기도 했다. 그러다 철저한 시간관리를 하기로 했고, 그 덕분에 시간에 끌려다니지 않고 도리어 지배할 수 있었다.

한창 취업에 도전하던 중에는 이런 일도 있었다. 여러 기업에 지원하다 보니 어디에 붙고 어디에 떨어졌는지 알기가 어려워졌다. 특히 붙어도 일정이 겹쳐서 가지 못하는 회사도 많이 생겼는데, 그 생각을 할수록 아쉬운 마음이 들었다. 그렇지만 이미 탈락으로 결정난 회사는 안 보이도록 감추는 등 지원 기업의 상태를 관리하는

250

방법을 통해 목표만을 바라보고 전진하게 되었다.

대기업에 지원했을 때는 서류 하나를 제출하고 기력이 다해 진이 빠지는 고통도 있었다. 하지만 깊이 있고 빠르게 서류를 작성하는 방법을 고안해 해결했다. 문제없다고 생각했던 영문 이력서는, 친구의 외국계 면접 탈락을 보고 원인에 대한 힌트를 얻었다. 천편일률적이지 않도록 톤을 바꿔 지원하는 방법으로 위기를 모면했다.

한 번은 지원 시 제출했던 서류를 저장하지 않아 위기를 겪기도 했다. 그래서 철저하게 관리하는 방법을 고안해 그런 일이 다시 발생하지 않도록 했다. 내세울 거라곤 간절함뿐이라는 것을 알고 있었기에, 면접 전까지 철저하게 준비했다.

학업, 학교 시험, 서류 지원 그리고 면접까지 일정이 모두 겹쳤을 때는 극도로 피로해져 서류 지원은 이제 그만 할까 하는 고민도 했다. 하지만 마음을 가다듬고 다시금 꾸준히 지원했다. 당일 여러 회사의 면접이 겹쳤을 때는 어디로 가야 할지 고민이 되었으나, 최고를 향해 가자는 결단도 내렸다. 하지만 최종 발표를 기다리는 동안 탈락했을까 하는 걱정으로 풀이 죽기도 했다. 그러다 기말 시험 도중 합격 결과를 받고 죽을 듯이 기뻐하며 합격의 영광을 누렸다. 모든 것이 철저히 시스템대로 움직인 결과였다.

효율적으로 도전하는 시스템이 없었다면 합격은 내가 아닌 다른 사람의 몫이 되었을 것이다. 그저 열정만으로는 성공하기 힘들다. 시스템이 뒷받침되어야 한다. 나는 온갖 시행착오를 반복하며 방법을 찾아야 했지만, 이 책을 보며 이해했다면 당신은 나와 같은 고통을 겪지 않아도 될 것이다.

다음과 같은 방법으로 도전에 성공하는 시스템을 만들어보자.

취업 정보로 갑의 위치를 선점하라

취업은 정보 싸움이다. 그렇지만 설령 많은 정보를 쥐고 있다 해도 마음대로 써먹지 못하면 소용이 없다. 취업 시장에서 갑의 위치를 선점할 수 없기 때문이다. 관리할 취업 정보 항목을 선별하는 것부터 시작해서 주기적으로 정보를 수집하는 체계를 만들어놓자. 수집하는 정보는 될 수 있으면 겹치지 않게 몇 개를 선별하여 넓은 정보망을 구축하자.

시간이라는 무기를 날카롭게 사용하라

시간은 끌려다니지 않고 지배해야 하는 대상이다. 서류 마감, 면접일 등 지원할 기업들의 일정을 기록하고 매일 확인하자. 며칠 앞을 내다보고 그날 할 일의 분량을 정해 미리 끝내버리자. 당일 할 일을 다 했다면 쉬거나 추가로 지원할 기업을 찾아보면 된다.

정보관리에서 직관력을 높여라

취업 활동의 상태를 관리하면 목표만을 바라보는 직관이 생긴다. 회사마다 진행 상태를 기록하자. 탈락하거나 일정이 겹쳐 못 간 회사들은 보이지 않게 감춰버리자. 현재 진행 중이거나 앞으로 진행할 내용만 보자. 그러면 목표만을 향해 전진할 수 있다.

| 취업, 이겨놓고 싸워라 |

서류는 맹수처럼 먹어치워라

수많은 회사에 지원하려면 서류를 순식간에 작성할 수 있어야 한다. 기존에 준비했던 것들을 총동원하자. 미리 써놓은 인적 사항은 그대로 '복사, 붙여넣기'를 하고 자소서의 지원 동기는 일전 작성했던 회사와 직무의 지원 이유를 그대로 활용하자. 장단점이나 생활신조는 미리 써놓자. 주요 자소서 질문들은 해당 기업의 인재상에 맞추고 자신의 성공 스토리를 붙여넣은 다음 다듬기만 하고 마무리 짓자.

외국계 기업은 카멜레온처럼 사냥하라

같은 이력을 가지고 있어도 지원하는 기업에 따라 톤을 다르게 하자. 필요할 경우 영문 이력서 내 이력의 순서를 바꿔놓자. 대외활동 등 변경 가능한 직함은 지원하는 곳에 적절히 맞춰 바꾸자. 그리고 지원회사에서 요구하는 역량에 맞춰 부각시킬 내용을 재조명하자.

활용한 정보는 철저히 관리하라

모은 정보는 철저하게 관리하자. 이는 면접에서 진가를 발휘한다. 지원하는 회사별로 폴더를 하나 만들어놓고, 회사 지원 시 제출한 서류는 반드시 문서로 만들어 별도 저장해놓자. 그리고 만들어놓은 폴더 내에 제출한 서류와 관련 조사 자료를 함께 담아놓자. 필요할 때 바로 열어 마음껏 활용하자.

면접 전까지 이것만은 반드시 하라

면접에서 성공하려면 철저한 준비가 필요하다. 면접 공지일부터 이틀 전까지는 예상 질문을 찾고 답변을 작성하는 데 힘쓰자. 하루 전날은 예상 질문 목록을 보며 답변하는 연습을 하고, 그 회사에 제출한 서류부터 대기실에서 볼 자료까지 출력해놓자. 면접 당일에는 집에서 나가기 전 외관을 한 번 더 점검하고, 대기실에서는 준비한 자료를 살펴보며 마무리하자.

끝까지 목표를 잊지 마라

목표에 대한 신념을 잃지 말고 끝까지 믿고 달려가자. 그러면 반드시 성공할 것이다. 목표가 있으면 초점을 맞춰 지원할 수 있다. 깊이 있는 지원도 가능하다. 그래야 취업 확률이 높아진다. 당신의 판단을 믿고 무한의 에너지로 힘차게 나아가자. 그러면 합격이란 결과가 당신을 맞이할 것이다.

계획은 무모해도 결과는 내 편이다. 철저한 시스템만 갖춘다면, 효과적인 도전으로 무모한 계획을 이뤄낼 수 있다. 어서 취업 시스템을 만들어 도전하자.

열쇠는
당신 안에 있다

취업을 포기하는 청년들이 늘어나면서 청년 무직자를 뜻하는 '니트족(Not in Education, Employment or Training: NEET)'이 유럽과 일본을 거쳐 우리나라에서도 퍼지고 있다. 2015년 2월 통계청 자료에 따르면 일자리 구하기가 힘들어 취업을 포기한 '구직 단념자'가 49만 2,000명이라고 한다. 역대 최고 수준이다.

이런 현상 탓에 '삼일절'이 다른 뜻으로 풀이되기도 한다. '31살까지 취업하지 못하면 길이 막힌다'는 의미로 말이다. 본래 의미와 완전히 다른 뜻으로 쓰이고 있다. 하지만 이런 현상이 비단 취업 준비생들만의 잘못은 아니다. 단지 이들은 포기하지 않는 법을 모르는 것뿐이다. 다시 말하면, 자신이 성공할 거라는 믿음을 유지하는 방법을 모르는 것이다.

나는 고생을 통해 하고 싶은 일을 찾았다. 그리고 온전히 그것에만 주의와 관심을 집중했다. 찾지 못했으면 집중조차 못 했을 것이다. 그렇게 초점을 맞춤으로써 취업의 성공을 나 자신에게 끌어올 수 있었다. 하고 싶은 일을 하겠다는 간절함이 나의 취업 확률을 높여준 근본적인 원동력이었다. 스스로에게 '된다! 할 수 있어!'라고 수없이 되뇜으로써 목표를 아주 명확하게 해주었다.

그즈음 세상에서는 취업을 준비하려면 어떤 것이든 무조건 '실행'하라고 말하곤 했다. 그 말 자체에는 동의했으나, 무언가를 실행에 옮기려면 우선 '원해야' 한다고 믿었다. 원하는지 아닌지도 모르는 채로 무조건 실행하라고 강조하는 것은 사자에게 풀을 뜯으라는 격이라고 생각했다. 그렇기에 하고 싶은 일을 찾자고 결심했던 그 순간이 감사할 따름이다.

원하는 것을 먼저 찾아야 한다는 걸 깨달은 후에야 진입할 업계와 직무, 지원할 회사를 택할 수 있었다. 그리고 나서야 생각을 구체화하고 실행에 옮기는 기반을 마련할 수 있었다. 이런 과정이 있었기에 실행이란 것을 할 수 있었고 더불어 목표에 도달할 수도 있었다.

나 역시 내가 바라는 성공한 모습에 대해 처음에는 열망이 그다지 강한 편은 아니었다. 하지만 목표에 초점을 맞추고 집중의 끈을 계속 유지하다 보니 점점 더 강력해짐을 느꼈다. 그렇게 목표에 도

| 취업, 이겨놓고 싸워라 |

달하겠다는 생각이 강해지면서 실행에까지 도달하는 능력 역시 더욱 강력해졌다. 원하는 것을 결정하고 오직 그것에만 주의를 집중하니 앞으로 나아가는 데 무리가 없었다.

즉, 자신이 할 수 있다고 믿는 것이 중요하다는 얘기다. 그러면 포기하지 않는다. 이런 믿음의 중요성은 취업만이 아니라 우리 삶의 모든 부분에서 접할 수 있다.

세계 최대 부호 중 한 명이었던 앤드루 카네기도 믿음을 가졌기에 성공한 인물이다. 그의 사무실에는 그림 한 점이 걸려 있었다. 그가 보물처럼 아끼는 그림이다. 세계적인 부호가 애지중지하는 그림은 무엇일까 하고 잔뜩 기대했던 사람들은, 막상 보고 나서는 하나같이 깜짝 놀랐다. 마른 모래사장에 나룻배 하나만 덩그러니 그려진 보잘것없는 그림이었기 때문이다. 카네기가 이 그림을 그토록 아꼈던 데에는 특별한 이유가 있었다.

가난한 집안에서 태어난 그는 젊은 시절 숱한 고생을 했다. 춥고 배고팠던 시절, 그는 현재 아끼는 그 그림을 발견하고 그 자리에서 충격에 휩싸였다. 그림 아래 화가가 적어놓은 글귀 때문이었다.

"반드시 밀물이 밀려오리라. 그날 나는 바다로 나아가리라."

그는 이를 마음에 새기고 스스로의 성공을 믿었다. 지금은 불행하지만 자신의 인생에도 언젠가 밀물이 밀려올 거라 믿으며, 시련이 그를 뒤흔들어도 성공을 생각하며 버텼다. 그리고 마침내 세계적인 부호가 되었다.

현재의 삶이 그림에 있는 나룻배와 같을지라도 언젠가 밀물이 들어올 거라는 믿음을 가진다면, 당신은 이미 성공한 것이나 다름없다. 그런 다음에는 그것을 이루는 데만 관심을 쏟으면 되기 때문이다. 하고 싶은 일에 대한 믿음 없이 그저 취업에 성공하고 싶다는 모호한 생각만 있다면 믿음을 정착시킬 장소를 찾을 수 없다. 또한 믿음을 한번 가지기 시작하면 불행이란 시련이 와도 버텨낼 수 있다. 카네기처럼, 그리고 나처럼 말이다.

어떤 면에서 불행이 당신을 찾는다는 것은 동시에 행복이 오리라는 징조이기도 하다. 불교 경전인 《아함경》에는 다음과 같은 일화가 등장한다.

어느 날 천하에 둘도 없는 미녀와 추녀가 함께 마을을 찾았다.
하룻밤을 묵기 위해 어느 집의 대문을 두드렸다. 집주인이 나가
봤더니 눈이 부실 정도의 미녀가 서 있었다.
"누구신가요?"
"저는 행복을 몰고 다니는 사람입니다."
집주인은 그 미인을 집 안으로 반갑게 맞아들였다.
조금 후에 누군가가 또 대문을 두드렸다. 이번에는 누더기를 온
몸에 걸친 추녀였다. 주인이 누구냐고 물었다.
"저는 불행을 몰고 다니는 사람입니다."

| 취업, 이겨놓고 싸워라 |

추녀의 말이 떨어지기 무섭게 주인은 당장 그녀를 쫓아버렸다.

그러자 쫓겨난 추녀가 심술궂은 얼굴로 이렇게 말했다.

"좀 전에 들어간 사람은 제 언니입니다. 우리는 항상 함께 다니지요. 제가 쫓겨났으니, 언니도 곧 이 집을 떠날 겁니다."

말 그대로 행복과 불행이라는 이름의 두 자매는 곧바로 그 집을 떠나버렸다.

이처럼 불행이 행복 뒤에 숨어 오기도 하고, 반대로 행복이 불행 뒤에 숨어 오기도 한다. 마치 그림자처럼 말이다. 그러니 당신이 지금 취업에 실패해서 힘든 상황을 보내고 있다는 것은 얼마 안 가 합격이란 행복을 맞이할 거라는 좋은 신호이기도 하다.

내게 왜 이런 시련이 생겼느냐며 원망하면, 그 불행 속에 숨겨진 행복은 달아나버릴 것이다. 성공할 모습을 믿고 시련이 와도 버텨내면 반드시 합격이란 행복도 당신을 찾아올 것이다.

취업이란 마치 '내 안의 나'를 찾아가는 여행과도 같다. 여행을 하는 동안 여러 가지 어려운 상황을 만나게 되기도 한다. 원망하거나 절망하지 말고 믿음을 가지고 나아가라. 그러면 반드시 행복이 합격이라는 소식을 가지고 찾아올 것이다. 그때 손을 내밀어 꽉 잡아라. 그것의 주인은 당신이니까 말이다.

당신 안에 있는 취업 성공의 열쇠를 버리지 말고 두 손에 꼭 쥐고 있어라. 그리고 반드시 성공할 것임을 믿어라. 시련이 있더라도 포기하지 말아야 한다.

포기란 세상에서 가장 탈옥하기 어려운 교도소다. 누군가에게 힘으로 제압당해 갇힌 게 아니라 당신이 당신 스스로를 가두고 빠져나갈 열쇠를 철창 바깥으로 던져버린 것과도 같다.

성공의 문을 여는 열쇠가 지금 당장 찾아지지 않는다고 해서 좌절하지도 말자. 당신 안에 있는 여러 열쇠 가운데 실제 합격의 문을 여는 것은 마지막 열쇠일 수도 있다.

철학자 비트겐슈타인은 '자신의 언어의 한계가 자신의 세계다'라고 말했다. 당신이 생각하고 말하는 만큼 한계는 바뀐다는 의미다. 자신의 성공을 믿고 힘차게 나아가라. 그러면 반드시 성공할 수 있다.

| 취업, 이겨놓고 싸워라 |

미래를 버는
사람이 되라

    취업 준비생들의 인기 있는 화두는 단연 스펙이다. '이번에 이거 따면 좋다더라' 식의 주제가 최고의 관심거리다. 그런 말이 취업 준비생 사이에 퍼지면 우르르 몰려가 너도나도 그 스펙에 매진한다. 필요 없는 스펙임에도 상당한 돈까지 투자한다.

    이런 풍토가 만들어지는 데에는 사회적 분위기도 한몫한다. 마치 스펙만이 취업하는 데 전부인 듯한 뉘앙스를 주기 때문이다. 취업 준비생을 소개할 때 스펙 몇 줄로만 표현하는 것도 대표적인 예다.

    스펙이 취업의 중심이라 생각하는 이들이 취업에 한 번 실패하고 나를 찾아오면, 나는 이렇게 조언한다.

    "자격증 등의 스펙들에 전념하는 것은 나쁘지 않지만, 이는 취업 확률을 높이는 일부분에 지나지 않습니다. 스펙 말고도 해야 할 게 엄청나게 많습니다. 그런데 심지어 필요도 없는 스펙에 몰두하느라 다른 것들을 간과하는 게 바람직할까요?"

내게 코칭을 받은 이들은 원하는 취업에 성공할 수 있었다. 여러 가지 확률을 높여놓은 결과다. 그리고 자신이 하고 싶은 일을 하며 만족스러운 회사생활을 하고 있다. 특히 가장 기억에 남는 이는, 신입사원 연수 중 회사를 박차고 나와 다시 취업 준비에 도전했던 학생이다.

그에게는 자신이 하고 싶은 일이 있었다. 진입하고 싶은 업계도 있었다. 훌륭했다. 하지만 확률을 높이는 한 끗이나 도전 시스템에 대해서는 무지했기에 취업 도전 중 많은 어려움을 겪었다. 그럼에도 강단 있는 성격이었던 그는 포기하지 않고 끈질기게 도전하여 취업의 어려운 관문을 뚫었다. 문제는 그가 가고자 하는 방향과는 완전히 다른 업계의 회사에 합격했다는 것이었다. 20대 초반부터 앞으로 미래까지 하고 싶은 것이 있었기에 합격 후 자신의 비전을 깨고 현실과 타협하는 것에 심한 갈등을 겪었다고 했다. 끝내 그는 신입사원 연수 도중 어렵게 얻은 합격을 걷어차고 나를 찾아왔다.

나는 그에게 업계를 정하고 나서는 어떻게 준비해야 하는지 알려줬다. 서류를 미리 준비하는 법, 시간을 관리하는 법 등 확률을 높이는 방법에 대해 여러 조언을 해주었다. 스펙에 대한 조언은 그중 하나에 불과했다. 그 후 그는 뭔가에 홀린 사람처럼 미친 듯이 준

| 취업, 이겨놓고 싸워라 |

비했다. 내가 봐도 놀라울 정도였다. 명확한 방향과 방법을 접목하니 미칠 수 있었던 거라고 그는 말했다.

특히 가장 큰 변화는 외국계 회사도 지원할 수 있다는 것을 알게 됐다는 것이다. 그리하여 쓸 생각을 해본 적도 없는 영문 이력서도 작성했고, 국내외 할 것 없이 진입하고 싶은 업계 안에서 취업하기 위해 치열하게 도전했다.

그가 도전한 곳 중 인상 깊은 한 회사는 5년 만에 신입 직군이 열린 곳이었다. 회사가 워낙 좋다 보니 동종 업계 다른 회사의 경력직 출신들도 지원했다. 그러나 철저하고 치밀하게 준비한 데다 열망까지 강렬한 그를 이길 순 없었다. 마침내 그는 최종 합격의 영광을 안았다. 업계 내 최고의 회사였다. 입사 후 그는 내게 종종 연락해 자신에게 취업 확률을 높이는 방법을 알려줘서 고맙다고 감사인사를 전한다. 그는 요즘 자신이 설계한 인생길을 따라 자기계발을 지속하고 있다.

이처럼 제대로 된 방법만 알면 높은 취업 확률로 원하는 회사에 입사하는 꿈같은 결과를 이뤄낼 수 있다. 이는 당신에게도 일어날 수 있는 일이다. 단지 자신의 꿈에 기초하여 명확한 방향을 잡고 소소한 것부터 중대한 것까지 전부 공을 들이는 방법만 익히면 된다.

이 책에 제시된 방법을 제대로 체득하고 도전하면, 당신은 더 빠르게, 원하는 취업에 성공할 것이다. 앞서 언급한 그처럼 시행착오를 겪느라 시간을 버리지 않아도 된다. 그러면 그 시간을 더 나은 미래를 위해 투자할 수 있다. 아마도 하루하루가 기쁨이 연속되는 나날이 될 것이다.

나는 스물일곱 살에 합격해서, 스물여덟 살에 입사했다. 컨설팅 회사 남자 최연소였다. 요즘 취준생들에 비해 조금 일찍 취업에 성공한 편이다. 당시 내 주변을 둘러봐도 늦게 취업한 이들이 상당히 많았다. 특히 계속되는 취업 재수로 졸업을 연기하는 이들이 대다수였다.

남들보다 일찍 취업에 성공했기에 시간을 벌 수 있었다. 취업 확률을 높이는 철저한 준비와 실행 끝에 벌 수 있었던 나의 미래였다. 이렇게 번 시간으로 나는 더 나은 미래를 위해 투자했다. 조급해하지 않고 여유를 가지면서 취업 이후 또 다른 목표를 향해 나아가고자 준비할 수 있었다.

취업에 성공했다 해서 그 자리에 멈춰 서지 않은 것은 꿈의 지도가 있었기 때문이다. 내가 나아갈 다음 행선지를 위해 열심히 업무를 배워나갔다. 시간이 있을 때는 나의 가치를 올려줄 자기계발에 과감히 투자했다. 야근 때문에 몸과 마음이 고단할지라도, 내가 쌓아가는 지식이 나중에 나를 위해 사용될 것을 생각하니 기꺼이 버텨낼 수 있었다.

모든 것이 취업 이전부터 계획되었기에 취업 후에도 이런 삶을 살 수 있었다. 만약 방향과 철저한 준비 없이 취업에만 매달렸다면, 나는 분명 더 늦은 나이에 취업을 했을 것이다. 어쩌면 아직도 취업 준비생이라는 위치를 벗어나지 못했을지도 모른다. 하지만

| 취업, 이겨놓고 싸워라 |

나는 내가 번 미래를 가지고 또 다른 국면을 위해 오늘도 힘차게 나아가고 있다.

20대에서 30대 사이는 천금을 주고도 살 수 없을 만큼 값진 시기다. 하루하루가 돈과의 전쟁이라고 해도 과언이 아니다. 점점 나이를 먹어갈수록 무언가를 해보기에 부담이 되기 때문이다. 특히 돈이 들어가거나 위험이 높은 일들은 더 그렇다. 취업을 하고 나면 그뿐으로, 자신을 더 성장시킬 수 있는 자기계발에 투자하거나 자기 사업에 도전해볼 생각을 하기가 점점 어려워진다. 물론 이들은 취업 이전에도 이런 일들을 생각조차 할 수 없다. 당장의 취업에 목을 맨 상황이기 때문이다. 혹시 결혼을 한다면, 이런 시도는 더더욱 어려워진다. 그래서 하루빨리 취업에 성공해서 시간에 대한 부담이 적을 때 자신을 위한 과감한 투자도 하고, 도전도 해보라는 것이다. 그렇게 할 때 더 나은 미래를 향해 나아갈 수 있다.

물론 취업을 늦게 하는 것이, 하고 싶은 일이 무엇인지도 알지 못한 채 취업하여 하루하루가 무의미하고 불만이 가득한 상태로 회사생활을 하는 것보단 나을 수도 있다. 하지만 이 책을 잘 읽었다면 그런 범주에는 속하지 않을 것이다. 이 책에서 알려주는 방법들을 하나하나 취업 준비에 적용하고, 어서 취업에 성공해서 더 나은 미래를 위해 투자할 수 있는 사람이 되기를 바란다.

이제는 취업 확률로 미래를 벌 수 있다는 말이 무슨 뜻인지 이해가 될 것이다. 제대로 된 취업을 하지 못하면, 어쩌면 당신도 회사에서 뛰쳐나와 다시 취업을 준비하게 될 수도 있다. 인생에서 그것만큼 시간 낭비인 것도 없다.

제대로 알아서 어서 취업에 성공하자. 그리고 더 나은 미래를 위해 과감히 투자하자. 시간상 부담이 하루라도 적을 때 말이다. 현재 나이가 많다면 많은 대로, 취업에 대해 제대로 알고 도전하는 것이 필수다. 다시 말하지만 시간이 지날수록 무언가를 해보기가 더 어려워진다. 자신에 대한 투자도, 그리고 위험이 큰 자기 사업에 대한 시도도 생각조차 할 수 없기가 십상이다.

이 사실을 이해했다는 사실만으로도 당신은 지금 엄청난 시간을 절약했다. 아직도 이를 모르는 사람들이 상당히 많다. 당신 주변을 한번 둘러봐라. 취업 이후까지 바라보고 계획을 세운 이가 몇이나 되는가. 아마 한 명도 없을 것이다. 혹시 그런 사람이 있다면 친하게 지내라. 그 사람은 반드시 성공할 테니까.

명심하자, 취업 확률로 미래를 벌 수 있다는 사실을. 그리고 어서 취업에 성공해서 당신의 다음 꿈 행선지를 향해 시간을 투자하자. 그러면 당신은 인생 전반을 행복하게 보낼 수 있다.

성공적인
취업 인생의
첫 번째 날

성공이란 말의 정의를 다시 한 번 곱씹어보게 된다.

'목적하는 바를 이룸.'

목적하는 바가 있어야 이룰 수 있다는 의미다. 나는 취업에 성공
하고 싶어 하는 이들에게 매번 이런 조언을 한다.

"우선 하고 싶은 일부터 찾으세요. 그렇지 않으면 어디로 향해야
할지 도통 알 수가 없습니다. 그러니 모두가 가는 방향으로 따라가
는 거예요. 설령 그게 진창길임을 알고 있을지라도 말이죠. 나는
모르니까 대세를 따라가겠다는 마음가짐은 취업에 실패하기 딱 좋

습니다. 기업이 뽑는 이들은 자신들과 맞는 소수의 인원뿐이니까요. 하고 싶은 일을 찾는 것은 매우 중요한 과제입니다."

이 책에서 나는 방향에 대해 수없이 언급했다. 반드시 이해했으면 하는 바람에서다. 아예 방향에 대해 모르거나 주변 지인들의 엉뚱한 말을 듣고 방향을 잘못 타면 정말 난감해진다. 그래서 제대로 된 방향을 잡는 것이 중요하다. 이는 취업뿐만이 아닌 실생활 모든 곳에서도 마찬가지다.

하루는 오랜만에 친구와 함께 속초로 바다여행을 떠났다. 그런데 갑자기 내비게이션이 먹통이 돼서 방향을 잃어버렸다. 핸드폰 배터리도 떨어져 난감한 상황이었다.

서로가 하루 휴가를 내서 떠난 여행인데 망칠 것 같다는 생각에 마음이 조급해졌다. 마침 주변에 주유소가 보였다. 기름도 넣어야 해서 길도 물어볼 겸 그곳으로 갔다. 우리는 기름을 가득 채워달라고 말하면서 그 직원에게 장소를 보여주며 가는 길을 물었다. "내비게이션이 고장 나서 그런데요, 혹시 여기 가려면 어떻게 가야 하는지 아세요?" 그러자 그 직원은 아주 잘 알고 있다며 이렇게 답했다.

"그럼요, 거기 유명한 곳인걸요. 지름길을 알려드릴게요. 종이 하나 줘보시겠어요?" 그는 가장 빠른 길을 알려주었고, 기름을 가득 넣은 탓인지 친절하게 약도까지 그려주었다. 이렇게만 간다면 차도 막히지 않고 일찍 도착할 거라고 했다.

우리는 그가 준 약도를 정확히 따라갔다. 그러나 한 시간 후 오히

268

려 50킬로미터나 더 멀어지게 되었다. 주유소 직원이 길을 잘못 가르쳐준 것이다.

이처럼 일상에서도 방향을 잘못 잡으면 원래 가려 했던 목적지에서 더 멀어지기도 한다. 이 경우는 주유소 직원이 잘못 가르쳐준 탓도 있었지만, 제대로 알아보지 않은 우리 잘못도 있는 셈이다. 내가 겪은 이런 상황은 취업을 준비하는 이들에게도 마찬가지다.

당신이 취업에 실패해서 좌절감에 빠지거나 우울하거나 또는 그 때문에 가족이나 주변 지인과의 관계도 소원해졌다고 가정해보자. 이런 상태에 처하게 된 데는 당신의 탓도 있지만, 분명 당신은 이런 상황을 절대 원하지 않았을 것이다. 어쩌면 누군가 당신에게 잘못된 길을 가르쳐주고 부정적인 생각들로 고생하게 하는 방향을 가르쳐주었을 가능성도 있다. 그런 때에도 그 책임을 남에게 지우려는 생각은 하지 말자. 이제 당신은 이 책을 통해 취업의 본질을 이해하게 되었으니 부정적인 생각은 그만두는 편이 좋다. 항상 긍정적인 생각으로 세상을 바라보는 것이 좋다.

미국 남부의 어느 대도시 중 한때 쓰레기장으로 쓰이던 곳이 있었다. 그러나 지금은 멋진 쇼핑몰이 생겼다고 한다. 오랜 세월 동안 사람들은 이 장소를 쓰레기장으로만 여겨왔다. 그러나 언젠가부터 진보적인 생각을 가진 시민들이 이곳을 아름답고 새로운 쇼핑몰로 보기 시작했다. 그때부터 사람들은 이곳에 쓰레기를 버리지 않았고 깨끗한 흙을 가져와 쓰레기장에 조심스레 뿌리기 시작했다. 그리고 지반이 튼튼해질 때까지 기계로 땅을 굳히는 작업도 했다. 그리고 그 위에 웅장한 쇼핑몰을 지어냈다. 직설적으로 말해 그 쇼핑몰은 쓰레기장 위에 세운 것이었다.

어떻게 보느냐에 따라 부정의 상징인 쓰레기장을, 웅장하고 멋진 쇼핑몰로 다시 볼 수도 있다. 그렇기에 당신이 해야 할 것은 이런 쓰레기장 같은 부정적인 마음이 당신 안에 담겨 있다면 긍정적이고 올바른 사고라는 흙으로 덮어버리는 것이다.

아마도 어떤 쓰레기는 잘 덮이지 않을 수도 있다. 하지만 멈추지 않고 긍정적인 흙을 날라다 계속 덮는다면 결국 깊이 묻혀 사라질 것이다. 그리고 나서의 성공은 온전히 당신 손에 달려 있다.

이탈리아 도시 베니스의 언덕에는 천재로 불리는 한 노인이 살고 있었다. 사람들 말에 따르면 어떤 질문을 해도 전부 대답할 수 있다고 했다. 어느 날 한 소년이 노인을 속여보겠다고 작은 새를 한 마리 잡아서 찾아갔다.

소년은 새를 손에 쥐고 노인에게 이 새가 살았는지 죽었는지 말해보라고 했다. 노인은 한 치의 망설임도 없이 이렇게 대답했다.

"얘야, 그 새가 살아 있다고 말하면 너는 손에 힘을 주어서 그 새를 죽이려고 할 테고, 죽었다고 하면 손을 펴 새를 날려줄 생각이 아니니? 새가 살고 죽은 건 네 손에 달려 있단다."

노인과 소년의 일화를 통해 내가 당신에게 알려주고 싶은 것은 다음과 같다. 결과가 실패로 가든 성공으로 향하든, 이 모든 것은 당신에게 달려 있다는 것이다. 당신은 지금까지 취업에 대한 본질을 이해하고 당신의 의지를 현실로 만들 수 있는 위대한 손을 가지게 되었다. 그렇지만 그것만으로는 성공적인 현실을 만들기에 충분하지 않다. 결국 합격이란 성공적인 결과를 보상받기 위해서는 당신의 손을 사용해야 한다는 말이다. 당신의 능력 있는 손을 놔두지 말고 실행을 통해 과감히 성공을 움켜쥐어라.

나는 이제 당신에게 이렇게 말해주고 싶다.

"당신의 탄생을 축하합니다!"

바로 지금이 앞으로 펼쳐질 성공적인 취업 인생의 첫 번째 날이다. 불행하고 진창길로만 가득했던 과거는 이제 끝났다. 이 책을 지금까지 읽었다는 사실만으로도 당신이 인생 전반의 행복한 미래를 위해 온 힘을 다할 거라는 게 확실하기 때문이다.

당신이 기다려온 성공의 순간은 바로 지금부터 시작된다. 취업에 성공할 수 있는 모든 방법을 이해했으니 황금을 움켜잡듯 당당히 합격을 움켜쥐어라. 당신의 취업 성공, 바로 지금부터 시작된다!